ASIEN 112

Afghanistan 326, 330 – Bangladesch 331, 332, 333, 334, 335 – Bhutan 336, 337, 338, 339, 340 – Brunei 341, 342, 343, 344, 345 – Burma 396, 397, 398, 399, 400 – China 346, 347, 348, 349, 350, 351 – Hongkong 353, 354 – Indien 356, 357, 358, 359, 360 – Indonesien 361, 362, 363, 364, 365 – Japan 366, 367, 368, 369, 370 – Kambodscha 371, 372, 373, 374, 375 – Macao 355 – Malaysia 381, 382, 383, 384, 385 – Malediven 386, 387, 388, 389, 390 – Mongolei 391, 392, 393, 394, 395 – Nepal 401, 402, 403, 404, 405 – Nordkorea 406, 407, 408, 409, 410 – Pakistan 330, 411, 412, 413, 414, 415 – Philippinen 416, 417, 418, 419, 420 – Singapur 421, 422, 423, 424, 425 – Sri Lanka 426, 427, 428, 429, 430 – Südkorea 376, 377, 378 , 379 – Tadschikistan 327 – Taiwan 431, 432, 433, 434, 435 – Thailand 436, 437, 438, 439, 440 – Tibet 351, 352 – Turkmenistan 328 – Usbekistan 329 – Vietnam 441, 442, 443, 444, 445

OZEANIEN 150

Australien 448, 449, 450, 451 – Kiribati 446, 447 – Mikronesien 467 – Nauru 470 – Neuseeland 452, 453, 454, 455, 456 – Niue 469 – Papua-Neuguinea 457, 458, 459, 460, 461 – Samoa 462, 463, 464, 465, 466 – Tonga 471, 472, 473, 474, 475 – Tuvalu 468

AFRIKA 162

Ägypten 476, 477, 478, 479, 480 – Äthiopien 481, 482, 483, 484, 485 – Elfenbeinküste 538, 539 – Gambia 536, 537 – Kapverden 487, 488, 489, 490 – Kenia 491, 492, 493, 494, 495 – Madagaskar 496, 497 – Makaronesien 486 – Marokko 501, 502, 503, 504, 505 – Mauritius 498, 499 – Mosambik 506, 507, 508, 509, 510 – Namibia 511, 512, 513, 514, 515 – Sambia 516, 517, 518 – Senegal 540 – Seychellen 500 – Simbabwe 519, 520 – Südafrika 521, 522, 523, 524, 525 – Tansania 526, 527, 528, 529, 530 – Tunesien 531, 532, 533, 534, 535

DIE POLE UND DER MOND 182

Antarktis 541, 542, 543, 544, 545 – Arktis 546, 547, 548, 549 – Grönland 550 – Mond 551, 552, 553, 554, 555

IMPRESSUM 192

Wegweiser auf Samoa zeigen den Inselbesuchern, dass sie mitunter ziemlich weit von zu Hause entfernt sind (Nr. 462–466).

... überall ist Leben – so leitet Joachim Ringelnatz sein wohl bekanntestes Gedicht ein (die nächsten zwei frechen Zeilen wollen wir hier einmal züchtig überspringen). Recht hat er, der »Kuttel Daddeldu«, überall gibt es Wundersames zu bestaunen, auch in den eigenen Breiten: In Sachsen-Anhalt etwa reift eine Käsedelikatesse, die Milben mit ihrem Verdauungsprozess schaffen.
Auf einem griechischen Eiland sucht man als Tourist an Ostern besser volle Deckung: Denn dann beschießen sich die Gemeinden zweier orthodoxer Kirchen mit selbst gebastelten Raketen. Und der schrägste Weltrekord findet sich in Abu Dhabi: Dort neigt sich – pardon, Pisa! – das mit 18 Grad Neigung schiefste Gebäude der Welt. Der *Torre pendente* in der Toskana bringt es nur auf 4 Grad.
»Überall ist Leben« – und eine der schönsten Lebensäußerungen ist fraglos das Küssen. Insbesondere, wenn der Kuss mit einem auf 15 Jahre garantierten Liebesglück einhergeht. Vorausgesetzt, man knutscht in der »Kussgasse« im mexikanischen Guanajuato. Und nach 15 Jahren legt man nach, zumal die Stadt, ein Weltkulturerbe, auch abseits von Lippenbekenntnissen eine Reise wert ist. Ein wesentlich robusteres Zeichen der Zuneigung findet sich viel weiter südlich: In der Antarktis passieren die meisten Kreuzfahrtpassagiere zwei Bergspitzen, die nach einer im südpolaren Großraum bekannten Sekretärin benannt wurden.
Unser Planet ist reich an Kuriosem und Überraschendem und manch Überraschendes kann durchaus peinlich werden – wenn es nämlich um die gesellschaftlichen Spielregeln geht. Die »Fettnäpfchen« haben wir warnend über die kommenden Seiten verteilt. Ganz ohne Warnung, im Gegenteil, mit einer Empfehlung versehen sind die Hinweise auf ungewöhnliche Arten und Bräuche, Feste und Feiertage im Jahreslauf zu zelebrieren. Etwa wenn in Frankreich zu Ostern süßer die Glocken nie klingen oder wenn zum Jahreswechsel in Schottland ein Fuß Gutes verheißt.

Willkommen zur Wunderland-Weltreise!

Klaus Viedebantt

Am 1. Mai feiern in Finnland die Studenten: *Vappu*, die Walpurgisnacht, beginnt schon am Abend zuvor (Nr. 36).

EUROPA

1 WIE PILZE AUS DEM BODEN

Albanien. Albaniens bekannteste Attraktion ist ein bizarres Erbe seines Diktators Enver Hoxha (1908–1985). Der war fast krankhaft davon überzeugt, sein Land werde von fremden Mächten erobert, und ließ überall kleine Bunker bauen, meist in Pilzform. Vier Albaner sollten bei Gefahr je einen der »Pilze« bemannen. Das wären insgesamt 750 000 Bunker. Es wurden »nur« 200 000. Aber sie verschandeln nun die schöne Landschaft.

2 OSTERBRÄUCHE

Mazedonien. Für die orthodoxe Kirche in Mazedonien ist Ostern neben Weihnachten das bedeutendste Fest. Rote Eier symbolisieren das Blut Christi, die ersten drei sind die wichtigsten, die Hausfrauen am Gründonnerstag vor Sonnenaufgang färben. Das erste, Jesus gewidmet, wird neben der Haustür und in Richtung Sonnenaufgang platziert. Am Samstag bringen alle Familien ihre Eier mit in die Nachtmesse und wenn die Glocken zur Mitternacht läuten, rufen alle »Christus ist auferstanden«. Dann werden die Eier geditscht.

3 TAGE DER OFFENEN TÜR

Vevchani. Mit seinem Karneval feiert das Dorf Vevchani in Mazedonien vom 12. bis 14. Januar das Jahresende (nach dem julianischen Kalender). Die Bürger treiben hinter selbstgemachten Masken alles Böse des alten Jahres aus. Noch gilt in vielen Häusern, dass sie zum Karneval jedermann offen stehen. Zum Abschluss des Festes werden die meisten Masken gemeinsam verbrannt – das wird dann garantiert ein gutes neues Jahr.

4 STEINREICHES INSELCHEN

Gospa al Skrpjela. Auch in Montenegro versetzt der Glaube die Berge nur im übertragenen Sinn. Aber eine Insel hat er dort schon geschaffen: Gospa al Skrpjela in der Bucht von Kotor. Dort versenken seit langem glücklich heimkehrende Fischer und Seeleute Steine für die Gottesmutter. Daraus wurde schließlich eine Insel, die heute eine Kirche trägt. Jedes Jahr am 22. Juli fahren Einwohner wie Touristen hin und versenken weitere Brocken.

5 SCHÖN DUMM

Belgrad. Die Bürger von Belgrad haben ihr eigenes »Silicon Valley«. Diesen Spitznamen trägt nämlich der Teil der Altstadt, in dem die meisten Cafés und Bars vereint sind, weil man dort besonders häufig auf junge Belgraderinnen trifft, die sich mithilfe plastischer Chirurgie haben »aufpolstern« lassen. Spötter buchstabieren das Viertel auch gerne als »Sillycon Valley«, Bezug nehmend auf das englische *silly* (»dumm«).

6 WO PAPST UND PRÄSIDENT HERRSCHEN

Andorra. Die Gegend in den Pyrenäen kennen die meisten nur in Zusammenhang mit Wintersport oder als billiges, da steuerfreies Shoppingparadies. Dass der Zwergstaat vom französischen Präsidenten und vom Bischof in Urgell gemeinsam regiert wird, wissen die wenigsten. Beide haben zwar fast nur repräsentative Funktionen, aber da der Bischof wie alle seine Kollegen vom Papst selbst eingesetzt wird, ist Andorra laut Verfassung ein Ko-Fürstentum.

7 ÄRGER IM (STEUER-)PARADIES

Liechtenstein. Das Fürstentum ist neben Usbekistan das einzige Land in Europa ohne Küstenzugang, das nur von Ländern umgeben ist, die ihrerseits ebenfalls ohne Meer sind: Österreich und die Schweiz. Eine Lage quasi wie in einem Safe. Als solcher wurde Liechtenstein denn auch genutzt: Hier hat man Milliarden Euro, Dollar und Pfund abseits des Zugriffs gieriger Finanzämter gebunkert. Aber: *Temps perdu!* Seit Neuestem kassiert der deutsche Fiskus auch in Liechtenstein.

8 GOD SAVE THE FÜRST

Liechtenstein. Britische Touristen fühlen sich hier ganz heimisch, wenn's offiziell wird: Die Nationalhymne des Fürstentums klingt fast wie *God Save the Queen*. Das bestritt auch Josef Frommelt nicht, als er 1983 dem Fürstentum seine Komposition vorstellte. Er hatte sich an ein altes Lied der Region angelehnt, dessen Melodie vielleicht von Liechtensteinern aus England mitgebracht worden war.

9 EINE ZWEITE »SERENISSIMA«

San Marino. Der fünfte der europäischen Zwergstaaten ist zurecht stolz auf seinen Titel als »älteste aktive Republik der Welt«. Das kleine Land in den Bergen, eine recht unauffällige Enklave in Italien – die Amtssprache ist auch Italienisch – und unweit des Adria-Badeorts Rimini gelegen, kann überdies seit dem Jahr 1600 eine der ältesten Verfassungen der Erde vorweisen. Und wie die einstige Republik Venedig trägt auch San Marino den Ehrentitel »La Serenissima«, die Verehrungswürdige.

10 LECKERE TÜRME

San Marino. Die drei Türme der Festung La Guaita auf dem Monte Titano sind nicht nur das Wahrzeichen von San Marino, sondern auch die Paten der *Torta Tre Monti*. Für die »Torte der drei Berge«, das kulinarische Markenzeichen der Mini-Republik, werden zwischen runde Waffellagen Schichten von Schoko- oder Haselnusscreme gestrichen und zu guter Letzt überzieht man das Ganze mit einer Schokoladenschicht. Lecker!

11 DAS GEHEIMNIS DER FRITTEN

Belgien. Was eint das zerstrittene Belgien? Natürlich Schokolade, Bier und Fritten. Letztere sind nicht umsonst weltberühmt, denn die möglichst von Hand geschnittenen Kartoffelstäbchen werden gleich zweimal frittiert. »Innen weich, außen kross« ist das Motto. Die Nationalspeise ist schon gesetzlich geschützt, der Welterbestatus wird angestrebt. Viele Fritteure brutzeln die Leckereien übrigens in Pferdeschmalz.

12 IN ESPERANTO-LAND

Amikejo. Im deutschsprachigen Teil von Belgien sollte um das Jahr 1900 herum der erste Esperanto-Staat der Welt entstehen: Amikejo, der »Ort der Freunde«. Der 3,4 Quadratkilometer große Landstrich bei Moresnet war damals zwischen den Niederlanden und Preußen umstritten und deshalb neutral. Der Plan von Amikejo zerschlug sich letztlich, aber Esperanto-Fans pilgern noch heute in die Region, wo es Sprachkurse gibt und Restaurants die Gerichte auf ihren Speisekarten in Esperanto anbieten.

Bei ihrer Nationalspeise sind sich die Belgier einig: Fritten werden zweimal frittiert (Nr. 11).

13 FISCHE IN ROTWEIN

Geraardsbergen. Fisch und Wein ist eine gute Kombination. Auch wenn der Fisch im Rotwein noch lebt, meinen zumindest die Belgier in Geraardsbergen, wenn sie beim »Krakelingen«-Festival am letzten Sonntag im Februar die kleinen *grondlinge* herunterspülen. Tierschützer haben erreicht, dass nur 20 Leute dem alten Brauch (»Lebendes revitalisiert«) folgen, ihr Ziel wäre aber: nur noch Marzipanfische ins Glas!

14 MIT KRAWATTE IN DIE SCHLACHT

Steenkerque. Der Ort in Wallonien fand 1692 zwischen Franzosen und Niederländern einen Platz in der Historie – auch in der der Mode: Weil die Offiziere der Grande Nation bei einem Überraschungsangriff ihre Krawatten nicht mehr ordentlich binden konnten, wurden die Enden des Halstuchs in Knopflöcher gesteckt. Dieser *steenkirk* kam in Mode und blieb es rund 50 Jahre – trotz französischer Niederlage.

15 Fettnäpfchen

Wer mit Belgiern speist, sollte aufessen, alles andere gilt als unhöflich, verschwenderisch und, insbesondere bei Privateinladungen, als Kritik an den Kochkünsten des Gastgebers. Dies kann dann auch das (quasi obligatorische) Kompliment an die Hausfrau nicht mehr herausreißen. Apropos privat: Blumen als Gastgeschenk sind immer geschätzt, nur bitte immer in ungerader Zahl – außer 13 – und keine weißen Chrysanthemen (Trauerblumen).

16 GUTE WÜNSCHE AM REVERS

Bulgarien. Am 1. März schenken sich die Bulgaren *martenitsi*, rot-weiße, gewebte Armbänder oder Quasten fürs Revers, die man trägt, bis man den ersten Storch, die erste Schwalbe oder den ersten blühenden Baum sieht. Dann hängt man die Bänder in einen Baum, um den Frühling zu begrüßen. Rot steht für Sonne, Leben, Feuer, Weiß für Gesundheit und Langlebigkeit.

17 DUFTENDE ÖLQUELLEN

Rozova dolina. Das »Tal der Rosen« in Bulgarien sollte man im Mai oder Juni besuchen, denn dann duftet es stark nach den Blüten. Kurz darauf werden sie geerntet und zu Rosenöl verarbeitet. Für ein Gramm des duftenden Öls, einer der teuersten Rohstoffe etwa für Parfüms, benötigt man 1000 der weißen, roten oder rosafarbenen Damaszenerrosen. Das bulgarische Tal allein liefert mindestens 70 Prozent der Welternte.

18 HORT DER WEISHEIT – UND DES ALTERS

Sofia. Die Bulgaren bezweifeln es zwar manchmal, aber ihre Hauptstadt ist ein Hort der Weisheit. Dafür steht die Namenspatronin der Stadt, die heilige Sofia – das altgriechische Wort, von dem der Name kommt, bedeutet »Weisheit«. Sofia ist überdies eine der ältesten Städte Europas, Archäologen haben dort eine 8000 Jahre alte Siedlung entdeckt. Apropos Alter: Bulgarien ist das älteste Land Europas, das nie seinen Namen geändert hat.

19 DER ÄLTESTE GOLDSCHATZ DER WELT

Varna. Der Baggerfahrer Raitscho Marinow erlebte 1972 5 Minuten Weltruhm. Bei Kanalarbeiten in der Nähe von Varna stieß er auf ein 6000 Jahre altes Gräberfeld, in dem Archäologen den ältesten Goldschmuck der Welt fanden, bestehend aus rund 3000 Stücken hoher Handwerkskunst. Die bisherigen Funde summieren sich auf 6 Kilogramm Gold.

20 Fettnäpfchen

Es ist verwirrend: Die Bulgaren schütteln den Kopf, wenn sie »ja« meinen, und nicken für »nein«. Glücklicherweise sind viele von ihnen an irritierte Ausländer gewöhnt, deshalb setzen sie meist gleich noch ein *da* »ja« hinzu. Entgegenkommende Autofahrer, die Sie anblinken, wollen Sie desweiteren nicht ärgern, sondern warnen: »Achtung, Polizei!« Und zu Privateinladungen sollte man neben den weithin verpönten Lilien oder Chrysanthemen auf keinen Fall Gladiolen mitbringen.

21 FAHRZEUGKONTROLLE AUF DÄNISCH

Dänemark. Wer in Dänemark Auto fährt, muss, bevor er sein *bil* (»Automobil«) startet, zuvor nicht nur Bremsen, Lenkung und Licht überprüfen, sondern auch nachschauen, ob nicht vielleicht ein Mensch unter der Karosse liegt. Es könnte ja ein Betrunkener sein! Und für diese gilt: Sitzen sie mit 2 Promille oder mehr am Steuer, sind sie nicht nur den Führerschein, sondern auch das Vehikel los.

22 SILBER ZU GOLD

Bornholm. Die Bewohner der Insel mitten in der Ostsee nennen ihre Fähigkeit, Silber in Gold zu verwandeln, »Bornholmer Alchemie«. Konkret geschieht das binnen 4 Stunden über glimmendem Erlenholz, denn dann sind die silbernen Heringe zur goldenen Bornholm-Spezialität geräuchert. Mangels Heringen gibt es aber nur noch zehn Räuchereien auf der Insel – die meisten der Räucheröfen bleiben kalt.

23 1,40 METER BROT

Kopenhagen. *Smørrebrød* ist der wohl leckerste Beitrag Dänemarks zum kulinarischen Weltatlas. Die fantasievoll belegten »Butterbrote« sind im Königreich als kleines Mittagsmahl hochgeschätzt. Der Nabel der *smørrebrød*-Welt ist das 1888 eröffnete Restaurant von Ida Davidsen in Kopenhagen: Seine Speisekarte ist 1,40 Meter lang und versammelt mehr als 250 verschiedene Varianten.

24 DAS DREIFACHE LOTTCHEN

Louisiana. Dänemarks erste Adresse in Sachen moderner Kunst liegt 35 Kilometer nördlich von Kopenhagen direkt an der See und heißt »Louisiana«. Mit dem US-Staat an der Mississippi-Mündung hat der Name nichts zu tun. Er stammt vielmehr vom einstigen Besitzer des Grundstücks, der so seine Ehefrauen ehrte: Er war dreimal verheiratet und jede Gattin hieß Louise.

25 Fettnäpfchen

Die Dänen sind seit der Zeit der Wikinger weltweit unterwegs. Vielleicht haben sie die Sitte, an der Tür die Schuhe abzustreifen, aus Asien mitgebracht. Für Gäste, die sie zu sich nach Hause einladen, heißt das: Sockenlochalarm! Übrigens: Die der Dame zugedachten Blumen lassen die Dänen oft am Tag zuvor schicken. Und zum Abschied gilt ein nachdrücklicher Dank als höflich.

26 KOPFLOSE PADDLER

Donau. Zwischen Günzburg und Ulm warnt ein Verkehrsschild davor, dass hier »kopflose Paddler kreuzen«. Das Gute daran ist, dass die Sportler an der Donau zumindest nicht quasi blind in einen Bären stolpern können – so geschehen einem deutschen Touristen bei einer Portage im kanadischen Busch. Meister Petz suchte ob des ungewohnten Aggressors das Weite. Er hätte den Paddler ja auch einen Kopf kürzer machen können …

Gut, dass die Verkehrsteilnehmer gewarnt sind! Wer rechnet schon mit kopflosen Paddlern (Nr. 26)?

27 DER SUMPF, DER ZUR HAUPTSTADT WURDE

Berlin. Es ist selbstverständlich eine böswillige Unterstellung, dass es in Berlin einen (politischen) Sumpf gäbe. Geologisch ist dies jedoch eine Tatsache: In der Sprache der ersten Siedler, der Slawen, bedeutet das Wort *berl* oder *birl* schlichtweg »Sumpf«. Und 1542 entstand Berlins große Promenade, der Kurfürstendamm, als Knüppeldamm. Heute werden Knüppel in der Hauptstadt zu anderen Zwecken genutzt…

28 DIE DAME DER EINHEIT

Rüdesheim. Die »Germania« hoch über Rüdesheim, eines der bekanntesten deutschen Monumente, blickt über den Rhein. Sie, 1883 errichtet, habe den damaligen Erzfeind Frankreich im Blick, heißt es oft. Falsch: Die wehrhafte Dame ist gen Süden gerichtet, ihr Blick wendet sich aber nach Osten. Der Rhein fließt hier nämlich nicht von Süd nach Nord, sondern von Ost nach West. Das Denkmal gilt der Einigung Deutschlands 1871.

29 SCHMACKHAFTES UNGEZIEFER

Zeitz-Würchwitz. Milben? Igitt! Doch Moment, in Sachsen-Anhalt sieht man das anders, denn dort wird der wohl weltweit einzigartige Milbenkäse hergestellt. Dazu kommt gewürzter Quark in eine Milbenkiste, wo er mithilfe der Ausscheidungen der Spinnentiere mindestens drei Monate lang reift. Kenner, so heißt es, essen die Milben im Käse mit. Würchwitz dürfte außerdem das einzige Milbenkäse-Museum des Planeten besitzen.

30 KÖSTLICHER HERBST

München. Das Oktoberfest hat eine Regel: Maß aller Dinge ist der Maßkrug. Er fasst einen Liter Bier, enthält im Festzelt aber meist nur 0,9 Liter – eine Münchner Sonderregel. Die Krüge sind gefragte Souvenirs, gekauft und oft auch als Diebesbeute. Aber Polizei und Wachleute sind auf der Hut und fischen jeweils bis zu 150 000 Krüge aus Taschen und Rucksäcken. Die Folge? Anzeige! Und die Richter verhängen dann bis zu 360 Tagessätze, Wiederholungstäter landen sogar oft im Knast.

31 EUROPAS KLEINSTE MINDERHEIT

Kolka/Mazirbe. Die Liven in Lettland gelten als Europas kleinste ethnische Minderheit: Nur 230 haben sich registrieren lassen, 30 sprechen noch fließend Livisch. Das Fischerdorf Kolka gilt als ihr Zentrum. Die livische Kultur kann man aber am besten am ersten Augustwochenende in Mazirbe erleben, wo die Liven das Ende der Unterdrückung in der Ära der Sowjetunion feiern.

32 SOMMERSONNWENDE

Lettland. Die Sommersonnwende markiert das Fest des heiligen Johannes, das in vielen Teilen der Welt mit großen Johannisfeuern gefeiert wird – ein Rückgriff auf vorchristliche Zeiten. In Lettland zieht überdies das mit Kränzen geschmückte Jungvolk von Hof zu Hof und wünscht Gesundheit, Segen und Fruchtbarkeit. Zum Mittsommermahl gibt es Kümmelkäse und Bier. In der Kleinstadt Kuldīga hat sich seit 2000 ein schräger Mittsommerkult entwickelt: Morgens um 3 Uhr rennen nackte Einheimische durch die Stadt. Belohnt werden sie mit einem Bier.

33 KEINE WANZEN MEHR

Tallinn. Es gibt einige Hotels rund um den Globus, die ein – meist kleines – Museum beherbergen. Das »Viru-Hotel« in der estländischen Hauptstadt Tallinn beispielsweise konnte 1991 nach Abzug der russischen Truppen gleich ein nahezu komplett ausstaffiertes Museum übernehmen: eine hastig geräumte Abhöranlage des Geheimdienstes KGB in der obersten Etage des Hochhauses. Das Hotel versichert seinen heutigen Gästen aber: keine Wanzen mehr, in keinem Zimmer, nirgendwo.

34 PANZER GEGEN MERCEDES

Vilnius. Touristen sind in Litauens Hauptstadt gut beraten, stets korrekt zu parken, denn der Bürgermeister hat ein striktes Programm gegen das ausufernde Wildparken gestartet. Für ein Warnvideo im Internet hat er sogar eigenhändig mit einem Panzer einen illegal abgestellten Mercedes plattgemacht. Eigentlich aber halb so wild: Die Karosse war gebraucht und eigens für diesen Zweck gekauft worden.

35 Fettnäpfchen

Die drei kleinen Ostseenationen Estland, Lettland und Litauen sind stolz auf ihre dem russischen Nachbarn abgerungene Eigenständigkeit. Das Thema Russland ist bei ihnen mit vielen Emotionen befrachtet, als Gast meidet man es daher besser. Esten, Letten und Litauer mögen es auch nicht, wenn sie mit ihren Nachbarn verwechselt werden, deshalb sollte die Gemeinschaftsbezeichnung Balten nur benutzt werden, wenn sie auch passend ist. Generell sind die Bewohner des Baltikums eher zurückhaltend, Privates besprechen sie ungern.

36 WALPURGISNACHT AUF FINNISCH

Helsinki. Am 1. Mai feiern in Finnland die Studenten: *Vappu*, die Walpurgisnacht, beginnt schon am Abend zuvor. Halb Finnland, ob Studiosus oder nicht, trägt dann die weißen Studentenmützen. Prominenteste Trägerin ist die hübsche und nackte »Havis Amanda« am Hafen der finnischen Hauptstadt Helsinki. Tausende verfolgen, wie Studenten die Seejungfrau waschen, anschließend geht's zum Massenpicknick in den Kaivopunto-Park.

37 SCHWITZEN IN LUFTIGER HÖHE

Kolari. Schwitzend bergan kann jeder. Aber im finnischen Ylläs-Skigebiet bietet sich dazu eine Sauna-Gondel an, die in die Drahtseilbahn zum 718 Meter hohen Gipfel eingehängt wird. Jeweils vier Saunagäste können das nicht ganz billige Vergnügen hinter von außen nicht einsehbaren Fenstern ganzjährig erleben.

38 GUT GEBRÜLLT

Oulu. 1987 gründeten einige seriöse Herren *Mieskuoro Huunatajat*, den »Chor der Schreier«. Die stets schwarze Gummikrawatten tragenden Sänger brüllen ihre Chorwerke ins Publikum, oft mithilfe von Megafon und Ofenrohr. Sie waren weltweit auf Tournee, treten aber auch oft in ihrer Heimat Finnland auf. Zum Repertoire gehören Bearbeitungen von Nationalhymnen und lautstark vertonte EU-Gesetze.

39 JE SCHWERER DIE FRAU, DESTO BESSER

Sonkajärvi. Die eigene Frau auf Händen tragen? Nicht empfehlenswert bei der Weltmeisterschaft im Ehefrauentragen, die alljährlich Anfang Juli im finnischen Sonkajärvi ausgetragen wird. Die Experten tragen ihre – nicht immer angetrauten – Frauen meist über den Schultern hängend und mit den Beinen nach vorne über den Hindernisparcours. Den Gewinner erwartet Bier, aufgewogen gegen das Gewicht seiner Partnerin.

40 Fettnäpfchen

Für die Finnen sind Saunagänge selbstverständlich, Gäste werden häufig zur Sauna eingeladen. Die Finnen kennen jedoch keine »gemischte« Sauna, sie saunieren – abgesehen vom Familienkreis – nach Geschlecht getrennt. Das Schwärmen von gemischten Saunas daheim ist deshalb unangebracht. Generell gilt jedoch: Beim Lob der Saunakultur, etwa bei Bier und Grillwurst hinterher, und bei Fragen zum Thema Sauna werden selbst die notorisch wortkargen Finnen gesprächig.

41 FLIEGENDE SCHNECKEN

Mogueriec. *Littorina littorea,* umgangssprachlich Strandschnecke, ist u. a. anderem im Watt der Bretagne zu finden. Im Fischerort Moguériec fliegt sie sogar – immer am zweiten Sonntag im Juli. Dann ist *Cracher de bigorneau,* Strandschnecken-Weitspucken. Der Rekord liegt bei 10,41 Metern. Nach ihrem Einsatz werden die Hartschaler wieder dem Meer übergeben.

42 OSTERBRÄUCHE

Frankreich. In Frankreich ist der Osterhase arbeitslos, denn sowohl die bunten als auch die Schokoeier werden von den Kirchenglocken des Landes gebracht. Allerdings erst nach einem Auslandsurlaub. Die Klangkörper verstummen in der Karwoche, sie sind nämlich, so erfahren die Kinder, zum Urlaub im Vatikan entschwebt. Und von dort bringen sie Süßes und Geschenke mit.

Je schwerer die Frau, desto mehr Bier erwartet den Gewinner des Ehefrauentragens im finnischen Sonkajärvi (Nr. 39).

43 KÜSSEN VERBOTEN

Paris. Auf der Gare du Nord soll seit 1910 ein Kussverbot herrschen, um Zugverspätungen zu vermeiden. Zu dem – wohl nie durchgesetzten – Verbot gibt es eine noch bizarrere Historie: Das ursprüngliche Verdikt soll von 1958 stammen und sollte angeblich einst verhindern, dass die Küsse Stromschläge übertragen. Als ob Verliebte ein Kabel bräuchten, um unter Strom zu stehen …

44 DER GENDARM VON SAINT-TROPEZ

Saint-Tropez. *Gendarmerie Nationale* steht zwar noch groß an der Fassade des renovierten alten Hauses, aber die Polizisten sind längst in ein neues Quartier gezogen. Dennoch pilgern immer noch Touristen zu dem Haus, um Fotos zu machen. Hier waltet noch der Geist des berühmtesten Gendarmen Frankreichs, des bizarren Filmkomikers Louis de Funès.

45 Fettnäpfchen

Eine private Einladung? Aber bitte ohne deutsche Pünktlichkeit. Französische Gastgeberinnen planen in der Regel etwa 30 Minuten mehr ein, um ihr Werk am Herd oder vor dem Spiegel zu vollenden. Und auch Gastgeber nutzen gern die Extrazeit, um den Rotwein zu »lüften«. Blumen als Gastgeschenk? Ja, aber keine Chrysanthemen, es sei denn, es ist eine Trauerfeier.

46 LAND AUF ZWEI KONTINENTEN

Georgien. Wo liegt Georgien? Am Schwarzen Meer, richtig, doch das ist nur die halbe Antwort. Gehört es nun zu Europa oder zu Asien? Ganz einfach: sowohl als auch. Der Westen liegt in Osteuropa, der Osten in Südwestasien. Wenn man aber die Kaukasusregion zu Europa zählt, ist Georgien ganz klar ein Teil Europas. So ordnen sich die Georgier auch selbst zu. Übrigens: Sie nennen ihr Land nicht Georgien, sondern Sakartvelo.

47 PROMETHEUS, JASON UND DIE ARGONAUTEN

Kaukasus. Der Kaukasus, die Grenze zu Russland, prägt etliche Mythen. Der bekannteste davon dreht sich um Prometheus. In dem Gebirge – ein im Westen noch unbekanntes Skirevier – ließ Zeus Prometheus anketten zur Strafe dafür, dass er den Menschen das Feuer aus dem Olymp brachte. Und Georgien selbst ist übrigens das Land, in dem Jason und die Argonauten das Goldene Vlies aus der griechischen Mythologie raubten, weil Schaffelle einst dazu dienten, Goldstaub aus Gewässern zu waschen.

48 GANZ ALTE JAHRGÄNGE

Georgien. *Gagimardschos!* – So prosten sich die Georgier zu. Und das im stolzen Bewusstsein, dass ihr Land, zumindest soweit bisher nachweisbar, das älteste Weinbaugebiet der Erde ist. Archäologen fanden dort nun jahrtausendealte Zeugnisse, die auf einen geplanten Weinbau schließen lassen, vor allem Krüge. Georgischer Wein galt im ehemaligen »Ostblock« als guter Tropfen; heute gibt es Pläne, in den Weinregionen spezielle touristische Angebote zu entwickeln.

49 SAG MIR, WIE DU HEIßT …

Georgien. In Georgien kann man anhand der Familiennamen oft die Herkunft von Menschen ableiten: Enden die Namen mit der Silbe *-jo*, stammen sie meist aus West- oder Zentralgeorgien. In den östlichen Bergprovinzen sind die Endsilben *-uli* oder *-uri* verbreitet, im sonstigen Osten die Silbe *-shvili*. Der bekannteste Georgier stammte aus Zentralgeorgien, hieß aber Dzhugashvili – alias Josef Stalin.

50 (ERBSEN-)ZÄHLEN AUF GEORGISCH

Georgien. Vigesimal? Muss man nicht kennen, wenn man kein Mathematiker oder Historiker ist. Das Vigesimal-System basiert auf der Zahl 20, analog zum Dezimalsystem, das auf der 10 basiert. In Georgien gilt das für die Zahlen 30 bis 99. Beispiel: Die Zahl 32 heißt übersetzt »20 plus 12«. Wem das zu kompliziert ist, der kann sich dennoch beruhigt zurücklehnen: Die meisten Georgier sprechen Englisch.

51 KIRCH-GANGS

Chios. Vrotados auf der Insel Chios gerät am Abend vor dem griechisch-orthodoxen Ostersonntag stets in die Schlagzeilen. Dann beschießen Gemeindemitglieder zweier Kirchen das jeweils andere Gotteshaus mit selbst gebauten Raketen, während die frommen Gläubigen im Inneren beten. Das Spektakel ist weder ungefährlich noch legal, aber die Polizei respektiert den Brauch, der auf die Zeit der türkischen Besatzung zurückgehen soll.

52 JAHRESWECHSEL

Griechenland. Auf den Märkten mangelt es, wenn das Jahr sich neigt, nicht an Zwiebeln der Sorte *Scilla Maritima*. Für eine besondere Neujahrsspeise? Nein, die Pflanze, der schon die Weisen der Antike vielfältige Heilkraft zuschrieben, hängt zum Jahreswechsel an vielen Türen und soll für ein gutes Jahr sorgen. Auch auf den Bermudas ist sie ein wichtiges Silvesterutensil: Eine goldene Papierzwiebel gleitet dort – fast wie in New York – um Mitternacht vom Rathausfirst zu Boden. Warum? Zwiebeln waren, ehe die Hochfinanz Bermuda ernährte, die Haupternte.

53 GRIECHISCHE »VERMEHLUNG«

Galaxidi. Menschen mit Mehl zu bewerfen, noch dazu mit buntem Mehl, scheint ein riesiger Spaß zu sein. Nicht umsonst bestellen die Bewohner des Dorfes Galaxidi schließlich jedes Jahr Tausende Kilo Mehl und reichlich Lebensmittelfarben, um am Karnevalsmontag vor Beginn der orthodoxen Fastenzeit möglichst viele Mitbürger – alle in Alttextilien und geschützt mit Mundschutz und Schwimmerbrillen – zu kolorieren.

54 MÄNNER MIT STEINGUT-PHALLEN

Tyrnavos. Als Fruchtbarkeitssymbol wird der Phallus in der griechischen Folklore sehr geschätzt. Besonders am Karnevalsmontag bei einem Phallusfestival in Tyrnavos treiben es alle sehr bunt. Wer geschnappt wird, muss aus einem Steingut-Glied Schnaps trinken und damit eine Spinatsuppe umrühren. Wer mag, kann auf einem Phallusthron Platz nehmen. Das heidnische Dionysos-Fest war bis in die 1940er-Jahre nur Männern vorbehalten.

Diese bunte Mehlschlacht markiert den Beginn der Fastenzeit im griechischen Galaxidi (Nr. 53).

55 OSTERBRÄUCHE

England. Am »Maundy Thursday«, Gründonnerstag, verteilen britische Monarchen kleine Säckchen an arme und verdiente Kirchenmitglieder. Darin befinden sich ein paar normale Pfund für nötige Einkäufe sowie die vier eigens geprägten Maundy-Münzen in Sterlingsilber, die Werte von 1, 2, 3 und 4 Pennys ausweisen. Insgesamt erhalten die Empfänger soviel Maundy-Pennys, wie der Monarch gerade alt ist. Der Marktwert eines vollständigen Satzes liegt zwischen 300 und 400 Pfund.

56 WO SHERLOCK LEBTE

London. Londons bekannteste Adresse ist 221 b Baker Street, wo »Sherlock Holmes« lebte und heute ein Privatmuseum den Meisterdetektiv feiert. Holmes, eine Erfindung des Autors Sir Arthur Conan Doyle, bekommt pro Woche rund 70 Briefe, die von der Royal Mail zugestellt werden.

57 BITTE HIER NICHT STERBEN

London. Die Briten haben abgestimmt über die skurrilsten Vorschriften im Vereinigten Königreich. Unangefochtene Nummer eins: Es ist verboten, in den Londoner Houses of Parliament, auch als Westminster Palace bekannt, zu sterben. Ansonsten hat der Verstorbene nämlich Anspruch auf ein Staatsbegräbnis mit allem Drum und Dran.

58 JAHRESWECHSEL

Schottland. »Hogmanay« nennen die Schotten das Neujahrsfest und keiner zwischen Lowlands, Highlands und Islands weiß genau, woher das Wort und seine vielen lokalen Bräuche stammen. Fast überall ist jedoch das First-footing verbreitet: Wer nach Mitternacht als Erster seinen Fuß über die Schwelle eines Nachbarn oder Bekannten setzt, bringt Gutes für das neue Jahr. Geschenke symbolisieren es: Kohle, Black Bun (dunkler Fruchtkuchen) oder heute meist Whisky.

59 DIE KÜRZESTE STRAẞE DER WELT

Wick. Dass die Schotten bei allem geizen, ist eine Mär. Aber beim Ebenezer Place im nordschottischen Ort Wick haben sie wirklich gespart: Die »kleinste Straße der Welt« misst nur 2,06 Meter Länge. Was die Schotten daran noch mehr freut: Mit ihrem Rekord haben sie zugleich den bisherigen Rekordhalter beim englischen Rivalen, Ergi Place in Bacup, entthront.

60 Fettnäpfchen

Das üppige *English Breakfast* gehört zu den wenigen internationalen Erfolgen der Inselküche. Dennoch erntet man Missbilligung, wenn man es außerhalb von England ordert. In Nordirland bekommt man ein *Ulster Fry*, in Wales startet man mit einem *Welsh Breakfast* mit Muscheln und Seetang-Pürree in den Tag. Und das traditionelle *Scottish Breakfast* besteht aus gebackenen Bohnen und *Black Pudding*, einer Art Blutwurst.

61 REKORDLEISTUNGEN IM EIERWEITWURF

Ballinrobe. Die »Connacht Spring Show« in Ballinrobe ist eine traditionelle Landwirtschaftsmesse mit der Auktion von Kühen, Schafschurdarbietungen und, als Höhepunkt der ländlichen Vergnügung, dem »Irish Open for Egg Throwing«. Der Rekord bei diesem Wettbewerb im Weitwurf roher Hühnereier soll bei 71 Metern liegen. Die Disziplin wird noch unterhalb des olympischen Radars ausgeübt, die Dotter-Sportler aller Länder hoffen aber auf baldige Anerkennung.

62 EIN HEILIGER ZUM VALENTINSTAG

Dublin. Dass die Iren ihren Nationalheiligen Patrick am 17. März groß feiern, ist spätestens bekannt, seit Dublin mit seiner »St. Patrick's Parade« die Vorsaison belebt. Wenig bekannt ist hingegen der Schatz, der den tristen Februar vitalisieren könnte: In der Whitefriar Street Carmelite Church ruhen die St.-Valentins-Reliquien, eine Papstgabe von 1836. Es muss ja keine »Love Parade« sein, obwohl das zum Thema passen würde …

63 MIT REIFROCK UND DEGEN KEIN EINLASS

Dublin. Allein ein Portal blieb von »Neal's Music Hall« in Dublins Fishamble Street, wo 1742 Händel selbst seinen *Messias* bei der Uraufführung dirigierte. Damals wurden wegen des erwarteten Andrangs die Frauen gebeten, auf Reifröcke zu verzichten, und die Männer sollten ihre Degen zu Hause lassen. Das Oratorium war denn auch ein voller Erfolg und ist es bis heute. Im Frühling gibt es vor dem Portal alljährlich eine Freiluftaufführung des Werkes.

64 EUROPAS GRÖẞTER SINGLETREFF

Lisdoonvarna. Willie Daly ist ein *matchmaker*, ein traditioneller Heiratsvermittler nach Landmannsart. Er verkuppelt jeweils im September bei einer mehrwöchigen Brautschau in Lisdoonvarna nahe der irischen Westküste seriös Suchende von beiderseits des Atlantiks. Ein Ereignis wie dieses findet natürlich nicht ohne *craig* statt, frei übersetzt: Gaudi und Guinness.

65 Fettnäpfchen

Irische Pubwirte beschriften die Türen ihrer Toiletten gern in der ansonsten rar gewordenen gälischen Landessprache. Die – gewiss nicht rar gewordenen – Scherzbolde unter den Wirten verzichten dabei gerne mal auf geschlechtsdeutende Symbole. So helfen Fremden meist nur sprachdeutende Versuche: *Fir* ist wohl »Frau«, *mna* steht für »Mann«. Nicht ganz: Umgekehrt ist es richtig und das zu wissen, vermeidet so manche Peinlichkeit.

66 WO EIN SCHWARZER TOD IN DER KEHLE BRENNT

Island. Er sieht nicht gerade einladend aus mit seinem tiefschwarzen Etikett, der *Brennivin*, bekannter als »Schwarzer Tod«. Genau das sollte der düstere, abweisende Auftritt auch bewirken. Das Gegenteil ist jedoch daraus geworden, nicht zuletzt dank der Etikettierung. Der starke Schnaps (37,5 Vol.-Prozent!) wurde binnen Kurzem zu Islands inoffiziellem Nationalgetränk und bei Touristen zum beliebten Souvenir.

67 EIN FUß IN EUROPA UND EINER IN AMERIKA

Keflavík. Wer über Island in die USA möchte, braucht eigentlich gar nicht weiter zu fliegen als bis nach Keflavík: Man ist hier schon in Amerika, zumindest auf einem Teil der Insel. Im Thingvellir, wo 930 erstmals das älteste Parlament der Welt tagte, kann man an einer Stelle sehen, wie die amerikanische und die eurasische Erdplatte immer weiter auseinanderdriften – um ganze 7 Millimeter im Jahr!

68 WARME FÜßE AUCH IM WINTER

Reykjavík. Schnee- und eistaugliches Schuhwerk für den Island-Winterurlaub kann man sich getrost sparen, zumindest wenn man Reykjavík oder Akureyri besucht. In den beiden einwohnerreichsten Städten der Insel werden die Häuser mit Erdwärme geheizt, die zur Zweitverwertung unter die somit eisfrei gehaltenen Bürgersteige geleitet wird.

69 EIN MUSEUM FÜRS GLIED

Reykjavík. Nationalmuseum, Kunstzentrum, Gletschermuseum und sogar ein Torfkirchenmuseum – in Island mangelt es wahrlich nicht an interessanten Kollektionen. Die bekannteste aber ist das Phallusmuseum in Reykjavík, das seit 1997 Penisse von allerlei Getier präpariert und dann präsentiert. Erst 2011 wurde das letzte Glied in der biologischen Ausstellungskette hinzugefügt: ein menschlicher Penis!

70 Fettnäpfchen

Wahrscheinlich ist die Elfenbeauftrage von Reykjavík weltweit die einzige städtische Angestellte, die sich offiziell um das Wohl der Trolle, Elfen und sonstigen geheimnisvollen Wesen im Untergrund kümmert. Die Mythen-kundige Behördenfrau weiß, wo ihre (manchmal garstigen) Schützlinge leben, und prüft deshalb Bauanträge auf deren Elfentauglichkeit. Touristen sollten darüber nicht spotten angesichts der Tatsache, dass 50 Prozent aller Isländer an das *huldufolk*, das »Verborgene Volk«, glauben.

MARRIAGES ARE MADE IN HEAVEN,
MOST PEOPLE MEET IN THE MATCHM
THE MATCHMA
SOME MATCHES ARE
MADE IN HEAVEN....
..BUT THE BEST ONES ARE
MADE IN LISDOONVARNA.
SDOONVARNA'
.LOVE IS IN T
LISDOON

Heiratsvermittlung auf irische Art findet in dieser Bar in Lisdoonvarna statt (Nr. 64).

71 JAHRESWECHSEL

Italien. Von hier soll der – auch in Spanien populäre – Brauch stammen, in der Silvesternacht rote Unterwäsche als Liebesgarantie für die nächsten zwölf Monate zu tragen. Sie sollte aber zuvor ein Geschenk des oder der Liebsten gewesen sein. Folglich sind allenthalben rote Slips oder Boxershorts im Angebot, sowohl billige Fummel als auch hochpreisige Kreationen. Vor allem Letztere werden wohl dem Brauchtums-Verdikt (»Nach Neujahr vernichten!«) oft entzogen. Was ja nicht daran hindert, binnen Jahresfrist etwas Neues, zauberhaft Rotes, zu erwarten.

72 ALS COWBOY DURCH DIE TOSKANA

Maremma. Cowboys in der Toskana? Klingt zunächst befremdlich, gibt es aber: In der einst wilden Maremma hüten berittene *butteri* das teilweise noch freilaufende Vieh. Die meisten sind Freizeit-*butteri*, einige nehmen auch Touristen mit auf Tour (über die »Azienda Agricola di Alberes«). In Cisterna di Latina, dem *buttero*-Epizentrum, findet im Mai und Oktober die *merca* statt, ein toskanisches Rodeo.

73 SCHLANGEN ALS HELLSEHER

Cocullo. Zum »Fest der Schlangenfänger« (*Rito dei serpari*) am ersten Sonntag im Mai drängeln sich Tausende in das kleine Bergdorf Cocullo zwischen Rom und Pescara. In der Woche zuvor fangen die Einheimischen hunderte Schlangen, die dann zur Prozession mit der Statue des St. Dominikus ebendieser umgehängt werden. Aus dem Verhalten der Tiere wollen die Gläubigen die Zukunft lesen.

74 DEKOR IN REIH UND GLIED

Taormina-Castelmole. Oma sollte man wohl besser nicht mitnehmen, wenn man die »Bar Turrisi« in der Via Pio IX. besucht. An der Fülle der Antiquitäten, die die Lokalität schmücken, hätte die alte Dame wohl noch ihre Freude, aber auch an den zahllosen erigierten Penissen, die hier zu sehen sind? Sie sollen, so heißt es, vor dem bösen Blick schützen.

Muss man gesehen haben: Prozession mit Schlangen im Bergdorf Cocullo nahe Rom (Nr. 73).

75 Fettnäpfchen

Vor Tag und Tau raus aus den Federn, um die besten Plätze an Strand und Pool mit Handtüchern und dergleichen zu markieren? Diese gemeinhin als teutonisch bezeichnete Unsitte sollte man in Bella Italia besser unterlassen, denn sie ist verboten und kann teuer werden. Ein Tourist soll dafür in Ligurien schon mal 1000 Euro Strafe bezahlt haben.

76 WEITGEREISTE STEINE

Kroatien. Was haben die Kathedrale von Trogir und das Weiße Haus in Washington mit dem Diokletianspalast und dem Wiener Parlamentsgebäude gemeinsam? Sie wurden aus dem marmorartigen Bracer-Stein errichtet, weißem Kalkstein aus Steinbrüchen in der Umgebung von Splitska und Skrip. Die Römer entdeckten in der Antike die Schönheit und repräsentative Wirkung des kroatischen Steins, der bis heute abgebaut wird.

77 HERZENSANGELEGENHEITEN

Zagreb. Als einem Künstlerpaar 2005 die Liebe abhandenkam, gründete es vor dem Auseinandergehen in Zagreb das Museum der gebrochenen Herzen. Das sprach sich herum und aus aller Welt kamen Reste geborstener Beziehungen – ein Brautkleid, Teddybären, Papierblumen aus Schießbuden … Das Museum wurde ein Erfolg, die Liebe des Paares konnte es dennoch nicht kitten.

78 NACKTE WAHRHEITEN AUF RAB

Rab. Als König Edward VIII. von England 1936 auf der Insel Rab mit offizieller Erlaubnis und mit Lady Simpson »nackert« ins Mittelmeer stieg, erfand Seine Hoheit ganz nebenbei den FKK-Tourismus. Rab wurde zum Epizentrum der »Lichtkleidträger« und Kroatien dank der Hüllenlosen zum bekannten Urlaubsziel. Edwards Kanadrole-Bucht, noch immer FKK-Terrain, wurde quasi zum Denkmal für »des Königs neue Kleider«.

79 MALARIAFREIE ZONE FÜR DEN STAATSCHEF

Brijuni. Ohne Nobelpreisträger Robert Koch aus Berlin hätte sich Josip Broz Tito, Jugoslawiens allmächtiger Staatschef, die einst abgeriegelten Brijuni-Inseln kaum zu seinem Refugium ausbauen können. Ein Vorbesitzer hatte Koch gebeten, die Malaria auf den Inseln auszurotten. Bis heute ist die Insel Vanja, einst Titos Privatsitz, gesperrt, aber die Hauptinsel Veli Brijuni mit dem exotischen Zoo kann besucht werden.

80 Fettnäpfchen

Wie ihre slowenischen Nachbarn gehören die Kroaten zur EU, aber (anders als die Slowenen) noch nicht zum Euro-Währungsgebiet, obwohl der Euro im Alltag schon eine Rolle spielt und viele Waren in Euro ausgezeichnet sind. Die Kroaten verstehen sich auch als Mittel- und nicht als Osteuropäer. Entsprechend verschnupft reagieren sie, wenn man ihr Land Osteuropa zuordnet oder, schlimmer noch, den Balkanländern.

81 SPRINGEN UND GEDENKEN

Echternach. Klar, die »Echternacher Springprozession«, Luxemburgs bekannteste religiöse Veranstaltung, kennt fast jeder: »Drei Schritt vor – zwei zurück«, das wird gerne in der politischen Kritik genutzt. Am Dienstag nach Pfingsten allerdings springen die Echternacher nicht (mehr) vor und zurück, sondern rechts-links und dabei stets ein wenig vorwärts – alles im Gedenken an St. Willibrord, den »Apostel der Friesen«.

82 DAS LETZTE SEINER ART

Luxemburg. Das Großherzogtum Luxemburg ist weltweit die einzige Monarchie, die diesen Titel trägt. Einst gab es rund ein Dutzend Großherzogtümer, darunter das von Frankfurt, nach dem Wiener Kongress im Jahr 1815 waren es nur noch acht. Der Titel geht auf den Papst zurück, der 1569 solcherart die Toskana ehrte. Napoleon nahm die Idee auf und schuf weitere Großherzogtümer in Deutschland und in Luxemburg.

83 DIE MOSEL-ABKOMMEN

Schengen/Mosel. Die Schengener Abkommen, die den Grenzabbau in Europa einleiteten, wurden 1985 und 1990 nicht im luxemburgischen Schengen, sondern nahebei im Dreiländereck auf der Mosel unterzeichnet, und zwar auf dem Schiff »Princesse Marie-Astrid«. Es war das zweite dieses Namens, heute ist bereits die fünfte Prinzessin unterwegs, sie schippert aber inzwischen als »MS Regensburg« über die Donau.

84 BABYLONISCHE INFORMATIONEN

Luxemburg. Im Großherzogtum erscheint die wohl weltweit einzige Tageszeitung mit Beiträgen in drei Sprachen: das *Luxemburger Wort*. Der Großteil der Zeitungsartikel ist dabei in Deutsch verfasst, ca. 16 Prozent in Französisch und 2 Prozent in Letzeburgisch, dem Dialekt, der sich über Jahrhunderte in dieser Gegend geformt hat. Die Online-Ausgabe des *Worts* bietet überdies Portugiesisch an, denn mehr als 10 Prozent der Bevölkerung stammen von dort.

85 Fettnäpfchen

Bitte keine Witze über die Größe Luxemburgs! Nein, nicht weil die »Letzeburger« so empfindlich wären, sie sind schlicht genervt, weil sie alle, wirklich alle Luxemburg-Witze kennen. Kostprobe gefällig? »Was macht die Bundeswehr, wenn Luxemburg Deutschland angreifen würde? Nix. Das überlässt sie der Feuerwehr in Trier.« Und noch ein Tipp aus dem Luxemburg-Knigge: In Luxemburg wird Kuchen immer mit Messer und Gabel gegessen.

86 PARTYVERBOT BEI AUSSCHWEIFUNGEN

Malta. In dem recht frommen Inselstaat feiert jedes Dorf seinen Schutzheiligen am Namenstag mit einer großen *festa*. Meist zumindest, denn die Ortspfarrer haben das Recht, die Fete abzublasen, wenn sie befürchten müssen, dass die Gemeinde ohne gehörige Andacht und zu ausgelassen, sprich: mit zu viel Getränken und zu wenig sittsamen Tänzen, feiert.

87 GUT IM FUTTER

Malta. Wer zu Leibesfülle neigt, könnte einen Urlaub auf Malta in Erwägung ziehen, denn auf der Mittelmeerinsel wäre man dann unter Seinesgleichen: Nach einer Untersuchung der EU sind die Malteser statistisch die fülligsten Bürger der EU. Ihr Body-Mass-Index liegt durchschnittlich bei 26,6 – in der übrigen EU sind es 25,4. Übrigens sprechen Mediziner bereits ab der Kennziffer 25 von »übergewichtig« Europa scheint also generell etwas überfüttert zu sein.

88 DAS KREUZ MIT DER FLAGGE

Malta. Die Flagge der Insel ziert das St.-Georgs-Kreuz, das auch den zweithöchsten Militärorden Großbritanniens darstellt. Malta ist der einzige Staat, der diesen Orden erhielt, weil die Malteser im Zweiten Weltkrieg mutig den Dauerbombardements trotzten. Als Handelsflagge taugte das Kreuz aber nicht, weil es auf See dem Signal »Lotse an Bord« ähnelt. Darum kam das Malteserritterkreuz mit spitzen Enden wieder zu Ehren.

89 RITTERLICHER TROPFEN

Zypern. Der wohl älteste rote Süßwein der Welt ist Zyperns *Commanderia*: Er soll schon 2000 Jahre vor Christus gekeltert worden sein. Sein aktueller Name ist allerdings jünger: Als die Ritter des Johanniterordens Ende des 13. Jahrhunderts ihr Hauptquartier, die *Grande Commanderie*, auf Zypern etablierten, gaben sie dieser Spezialität den Namen, der zum internationalen Markenzeichen wurde.

90 Fettnäpfchen

Es gibt eine Sage, die die Bewohner Zyperns gar nicht mögen und die folglich kein gutes Thema ist für einen Plausch im Café: Als Gott allen Völkern Geschenke machte, kamen die Zyprer zu spät. Alles war vergeben. Aber die Insulaner bestanden auf einem Präsent. So überreichte der Herr den Zyprern, was übrig geblieben war, weil es keiner haben wollte: die Intrige.

91 LAND DER UNTERDRÜCKER

Moldawien/Ukraine. Bessarabien, ist das nicht eines dieser kleinen arabischen Emirate? Nein, Bessarabien ist vielmehr einer der häufigsten geografischen Irrtümer. Der Begriff bezeichnet nämlich das Territorium, aus dem das heutige osteuropäische Land Moldawien und Teile der Ukraine entstanden. Der alte Name geht zurück auf das 14. Jahrhundert und das Herrschergeschlecht der *Bessarab* (»Unterdrücker«). Kein Wunder, dass sich Moldawien einen neuen Namen suchte …

92 DER GRÖSSTE WEINKELLER DER WELT

Moldawien. Das Land besitzt einen Weltrekord, der zumindest auf den ersten Blick unsichtbar ist: den weltgrößten Weinkeller. Wer ihn erwandern will, sollte sich gut verproviantieren (für Getränke ist gesorgt), denn das Netz der Tunnel und Stollen misst 125 Kilometer. Das kleine Land wirbt außerdem mit der größten Weinsammlung hienieden: zwei Millionen Flaschen, darunter alte Tropfen aus dem Besitz Hermann Görings.

93 FEIERNDE MÄNNER IN DAMENKLEIDERN

Ukraine. Eigentlich feiert die Ukraine am Abend des 13. Januar die heilige Melania, doch ist daraus mittlerweile, vor allem in den Dörfern, die bisweilen ruppige »Feier der Malanka« geworden: möglichst unvorteilhaft als Frauen verkleidete Männer in Gruppen, die von Haus zu Haus ziehen und allerlei Unsinn machen. Einst diente dies jungen, maskierten Männern als Vorwand, um unauffällig Kontakt mit unverheirateten Töchtern aufzunehmen.

94 AUF »TAUCHGANG« MIT DER U-BAHN

Kiew. In Kiew lohnt es sich, beim U-Bahn-Fahren einmal an der Station Arsenalaya auszusteigen: Sie liegt 105 Meter unter der Oberfläche und ist damit die tiefstgelegene Metrostation der Welt. Gebaut wurde sie 1960, und man munkelt in der ukrainischen Hauptstadt, es seien gleichzeitig Schutzbunker für Politiker gegraben worden – deshalb die Tiefe. Das Parlament der Ukraine liegt zufällig nahe der Station.

95 Fettnäpfchen

Moldawien und die Ukraine gehören laut Weltgesundheitsorganisation zu den fünf größten Alkoholkonsumenten der Welt. Auch als Gast erlebt man das häufig, meist als Einladung zu einem Wodka. Wer ablehnt, wird schief angeguckt. Medizinische Gründe werden aber akzeptiert, gerade eingenommene Pillen etwa sind ein gutes Argument. Übrigens, die drei anderen Länder sind Russland, Ungarn und Tschechien.

96 WOHNEN WIE EIN KÖNIG

Monaco. Monaco trägt mit rund 32 000 Einwohnern auf gut 2 Quadratkilometern Fläche den Titel des am dichtesten bevölkerten Staates der Welt. Und ist zugleich der Ort mit den durchschnittlich teuersten Wohnimmobilien: Schon 2009 kostete ein 50-Quadratmeter-Apartment 9,5 Millionen US-Dollar, Hafenblick inklusive. Dennoch sind Quartiere in dem – einkommensteuerfreien – Zwergstaat höchst begehrt.

97 NUR GUCKEN, NICHT SPIELEN

Monaco. Monacos Einwohner dürfen, wie auch die Bürger in anderen Kommunen mit Spielcasinos, ihren prächtigen Glücksspieltempel nicht betreten. Roulette & Co. und der Alltag sollen diskret getrennt bleiben. Deshalb reden sich die Croupiers in der Öffentlichkeit auch nie mit Namen an. Dass die Spielbank das Fürstentum finanziert, stimmt allerdings nicht mehr: Das Glücksspiel trägt nur noch 5 Prozent zum Staatshaushalt bei.

98 ROCKIN' THE ROULETTE

Monaco. Mick Jagger sollte im Casino Monte Carlo wohl besser nicht mehr auftauchen, war doch ein entfernter Verwandter von ihm, Joseph Jagger, der erste Gast, der die damals noch junge Spielbank »gesprengt« hat. Er beobachtete 1875, dass ein Rouletterad »eierte« und deshalb einige Zahlen öfter fielen. Das brachte ihm in drei Tagen 60 000 Pfund ein – eine Summe, die heute 3 000 000 Pfund entspricht!

99 WO DIE EDLEN TROPFEN LAGERN

Monaco. Die Kellermeister des legendären »Hôtel de Paris« müssen gut zu Fuß sein: Um eine *bouteille* aus den hintersten Regalen zu holen, legen sie im weltgrößten Weinkeller mit nur einem Besitzer nämlich 2 Kilometer zurück. Das 1500 Quadratmeter große Felsengewölbe unter dem Hotel birgt rund 500 000 edelste Flaschen.

100 Fettnäpfchen

Echte Monegassen sind in Monaco eine Minderheit, am ehesten trifft man sie abends in der Altstadt. Sie sind stolz auf ihren kleinen Feudalstaat und schätzen die Grimaldis. Gar nicht schätzen sie hingegen den Klatsch, der über die – wenngleich nicht immer noblen – Häupter in einschlägigen Gazetten in Deutschland und Großbritannien verbreitet wird und selten einen wahren Kern hat. Kein gutes Thema für Smalltalk also.

101 KRAUT UND (ORANGENE) RÜBEN

Niederlande. Zum *Koningsdag* am 27. April, Nationalfeiertag und Geburtstag von König Willem-Alexander, trägt das ganze Land Orange, die Farbe des Geschlechts der Oranier, und trinkt Oranje-Bitter. Nur die Karotte wird kaum gewürdigt, dabei hat sie die interessanteste Orange-Historie: Bis zum 17. Jahrhundert gab es die Rübe nämlich nur in Rot und Weiß, erst dann wurde sie zu Ehren Willems von Oranien in Orange gezüchtet.

102 TROCKENÜBUNGEN ZUR BADESAISON

Amsterdam. Anfang Mai treffen sich junge Leute in Badekleidung mit Schnorchel, Tauchmaske und Flossen zum »Nationalen Flipper-Rennen« auf dem Dam, dem zentralen Platz – obwohl es dann in der Regel noch frisch ist. Ein Teilnehmer hat einem gutgläubigen Journalisten erzählt, die Aktion diene zur Warnung vor Seewassereinbrüchen. Vor allem aber dient sie wohl dem Zweck, eine gute Party zu feiern.

103 LONDON IN DEN NIEDERLANDEN

Deventer. Für ein Adventswochenende verwandelt sich die Kleinstadt rund um die Walstraat zum »Charles-Dickens-Festival« ins viktorianische London: Queen Victoria lässt sich stündlich huldvoll winkend in einer Sänfte durch die Straße tragen, »Ebenezer Scrooge« ist ebenso unterwegs wie »Oliver Twist« und »David Copperfield« und rund 1000 Mitwirkende sind gewandet wie zu Zeiten des berühmten Autors (1812–1870).

104 GANZ EINSAM ZWEISAM

Vlieland. Den »einsamsten Ort der Niederlande« haben Brautleute als passenden Ort für die Eheschließung entdeckt: eine kleine Rettungshütte für Schiffbrüchige und Flutbedrohte auf der Sandbank Vlieland im Wattenmeer. Das auf acht Pfeilern stehende *Drenkelingshuisje*, eigentlich ein *Juttermuseum* (»Strandräuber-Sammlung«), ist seit 1997 eine Außenstelle des Standesamts von Ost-Vlieland.

105 Fettnäpfchen

»Alle Holländer sprechen Deutsch.« In dieser in Deutschland verbreiteten Aussage verbergen sich gleich zwei Irrtümer: Die Gleichsetzung »Holländer = Niederländer« mögen unsere Nachbarn nicht, schließlich gehören nur zwei der zwölf Provinzen des Landes zu Holland. Und nicht alle Niederländer können oder wollen Deutsch sprechen, zumindest nicht, wenn sie von Deutschen gleich wie selbstverständlich auf Deutsch angesprochen werden. Besser: fragen, gerne auf Englisch, welche Sprache hilfreich ist.

106 WELTREISENDE RATTEN MIT PSEUDONYM

Norwegen. Die mittlerweile fast weltweit verbreitete »Norwegerratte« stammt nicht aus Norwegen, sondern aus Nordchina. Von dort aus erreichte das bei uns auch als »Wanderratte« bekannte Tier Westeuropa. Im 16. Jahrhundert sollen die Ratten dann auf norwegischen Schiffen nach England gelangt sein und von dort aus 200 Jahre später nach Amerika.

Zum *Koningsdag* am 27. April, dem Nationalfeiertag der Niederlande, trägt das ganze Land Orange, die Farbe des Geschlechts der Oranier (Nr. 101).

Willem

107 NÖRDLICHER GEHT IMMER

Nordkap. Tausende Besucher steuern jährlich das Nordkap an, um »nur« noch etwa 2100 Kilometer vom Nordpol entfernt den »nördlichsten Punkt des europäischen Festlands« zu erleben. Leider können sie das hier aber nicht: Die Klippe liegt auf einer Insel und der tatsächliche nördlichste Punkt des europäischen Festlands befindet sich nebenan, auf der Landzunge Knivskjelloden.

108 TIEFGEKÜHLTE LEBENSGRUNDLAGE

Spitzbergen. Bei Longyearbyen ragt ein Betonportal mit Stahltüren aus dem Fels: der »Weltweite Saatguttresor«. Tief im Permafrost lagern dort erdbeben- und atombombensicher 2,25 Milliarden Samen wichtiger Nutzpflanzen wie Reis, Mais und Kartoffeln. Sie sollen nach Katastrophen, auch nach genetischen Verlusten, den Fortbestand der Menschheit sichern. Die Stollen werden von Schweden aus automatisch gewartet.

109 DAS KLEINSTE HOTEL DER WELT

Spitzbergen. Nur einige Kreuzfahrer kennen das »Lloyd-Hotel«, eine Schutzhütte, die 1905 von Seeleuten eines Fahrgastschiffs der Norddeutschen Lloyd erbaut wurde. Das mit Erinnerungsstücken dekorierte Häuschen dient noch heute Mitreisenden von Hapag-Lloyd-Schiffen für Landausflüge. Teil des Rituals: Die Crew serviert im »kleinsten Hotel der Welt« Glühwein und Lumumba.

110 Fettnäpfchen

Das Wort für »Danke« in den nordischen Ländern ist *takk*. In Norwegen sollte man aber niemals die Formulierung *takk for alt* (»Danke für alles«) verwenden: Diese ist traditionell Trauerrednern, Kranzbändern und Grabsteinen vorbehalten. Norweger mögen es überdies nicht, wenn sie pauschal als Skandinavier angesprochen werden – und diesen Vorbehalt teilen sie, trotz guter Beziehungen zu den nordischen Nachbarn, mit den Dänen, Schweden, Finnen und Isländern.

111 KÖSTLICHER HERBST

Österreich. Es geht um die »Goldene Sennerharfe« und das seit mehr als 25 Jahren. Dazu kommen Ende September gut 100 Senner von ihren Almen ins Tiroler Galtür. Im Gepäck haben sie die besten Käselaibe, die sie im Sommer in den Bergen hergestellt haben. Nun treten sie an bei der Almkäse-Olympiade und werden von einer Fachjury bewertet. Gehen die Titel nach Deutschland, Italien, Liechtenstein, in die Schweiz oder bleiben sie in Österreich? Und wem gibt die Kinderjury ihren »Drei-Käse-Hoch-Preis«? Zu guter Letzt darf auch das Publikum den Käse verkosten.

112 SPEISEN WIE MOZARTS ZEITGENOSSEN

Salzburg. Wo könnte man wohl besser speisen wie zu Mozarts Zeiten als in Wolferls Heimat, in Österreich? Das »St. Peter Stiftskulinarium«, das vor über 1200 Jahren gegründet wurde, macht es möglich. Beim »Mozart Dinner« wird beispielsweise im Barocksaal des Klosters gebratener Kapaun an Rotwein-Kräuterglace mit Kartoffelgratin serviert, inklusive Hintergrundmusik von – natürlich zeitgerecht gekleideten – Musikern.

113 REKORD IN STANDING OVATIONS

Wien. Ein Abend in der Staatsoper ist ein Höhepunkt vieler Reisen in die Hauptstadt Österreichs. Aber er kann lang werden, schließlich hält die Bühne den Weltrekord für »Vorhänge«: 1 Stunde und 20 Minuten dauerte der Applaus im Jahr 1991 für Placido Domingo in Giuseppe Verdis Oper *Otello*, 101-mal musste der berühmte Tenor nach dem Eifersuchtsdrama an die Rampe treten.

114 FALSCHE HASEN ALLÜBERALL

Wien. Solange wie es erfolgreiche Künstler gibt, gibt es auch Fälschungen ihrer Werke. Eine neuere Entwicklung ist hingegen, dass es Fälschungen von Fälschungen gibt. Einige haben es sogar ins Museum geschafft: ins Wiener Fälschermuseum nämlich. In diesem Museum ist das, was auf den Etiketten steht, wenigstens wahr. Weltweit sei nämlich jedes zehnte Bild, das in einem Museum hängt, gefälscht, sagen Experten.

115 Fettnäpfchen

Bekanntlich nennen Österreicher ihre deutschen Nachbarn gern »Piefke«, und freundlich ist das nicht gerade gemeint. Vielleicht haben sie ja einen Grund dazu, weil Preußen & Co. sie gern mal nerven mit der Tatsache, dass Hitler kein Teutone war. Oder weil sie versuchen, das österreichische Idiom nachzuahmen und sich damit regelmäßig der Sprachschändung schuldig machen.

116 WASSER MARSCH!

Polen. Für Polinnen, vor allem für junge und hübsche, aber auch für Touristinnen ist der Ostermontag ein gefährlicher Tag: Überall, insbesondere auf dem Land, harrt Wasser seiner Bestimmung, ob in Wasserpistolen oder in Eimern, und wird meist von jungen Männern eingesetzt. Früher ein Balzritual, soll der »nasse Montag« auf König Mieszko I. zurückgehen, der sich als erster Herrscher taufen ließ.

117 EINE STADT IN ZWERGENHAND

Breslau. Überall in der Stadt stößt man auf kleine Zipfelmützenwichtel aus Bronze, die die verschiedensten Tätigkeiten ausführen. Mehr als 200 Exemplare sollen es sein, sie alle zu finden gilt als nahezu unmöglich. Die etwa 30 Zentimeter kleinen Figuren sind das bis heute fortlebende Erbe des polnischen Aufstands gegen das einstige kommunistische Regime. Breslauer Künstler dachten sich diesen kreativen Protest aus.

118 SALZIGER MUSIKGENUSS

Krakau. Eine Kirche, die vollständig aus Salz besteht, inklusive Altar und Kanzel, ist die unterirdische Attraktion im Salzstock von Wieliczka nahe Krakau. Bergleute schufen 1697 das 54 Meter lange, 18 Meter breite und 12 Meter hohe Gotteshaus in 101 Metern Tiefe und bei 70 Prozent Luftfeuchtigkeit. Heute wird es dank seiner guten Akustik auch für Konzerte genutzt – vor einem Publikum in dicken Pullis, denn die Temperatur liegt konstant bei 14 Grad.

119 WO SICH IM WALD DIE KIEFER VERRENKT

Gryfino. Nahe der deutschen Grenze wächst ein weltweit einzigartiger Forst: der »Krummwald«. Seine Kiefern schießen zwar gerade aus dem Boden, drehen sich aber nach etwa einem Monat zur Seite hin, bis sich der Stamm am Boden abstützen muss. Von hier aus wächst er dann weiter gerade nach oben. Man führt das lange und rätselhafte Wachstum der Bäume auf frühere Holzfällermethoden zurück.

120 Fettnäpfchen

Polen ist eines der katholischsten Länder Europas, aber immer noch blüht auch hier der Aberglaube. So reicht man etwa den Gastgebern nicht über die Schwelle ihres Hauses hinweg die Hand, denn das bringt Unglück. Und eine Handtasche setzt man nicht auf dem Boden ab, denn dann »rennt das Geld weg«. Ein Aberglaube der anderen Art ist es übrigens zu meinen, Polens Autofahrer würden an Zebrastreifen für Fußgänger anhalten …

121 BIOLOGISCHE KAMMERJÄGER

Coimbra. Die barocke Unibibliothek in Coimbra schützt ihre wertvollen alten Bücher mit der Hilfe von Katzen und Fledermäusen. Die schwarzen Flatterer, die sich irgendwann in dem im Jahr 1728 eingeweihten Geistesarsenal eingenistet haben, fressen nachts die Insekten. Über die Mahagonitische, die mindestens so wertvoll sind wie der Bücherbestand, werden jeden Abend Ledermatten gelegt zum Schutz vor den Exkrementen der Fledermäuse. Unterhalb der Flugzone räumen außerdem Katzen unter Ratten und Mäusen auf.

122 BEI FEUERSTEINS ZUHAUSE

Fafe. Cartoonheld Fred Feuerstein und seine Steinzeitfamilie standen Pate für die *Casa do Penedo* bei Fafe in Nordportugal. Das viel fotografierte »Steinhaus« fand seinen Platz zwischen zwei mächtigen Felsbrocken. Das Haus wurde vom US-Magazin *Forbes* zu den »am besten versteckten Domizilen der Welt« gezählt, ist in Privatbesitz und kann nur von außen besichtigt werden.

123 KNOCHENJOB

Èvora. Diese Stadt, eine der schönsten historischen Städte Portugals, birgt nicht nur einen römischen Diana-Tempel und eine Kathedrale, sondern auch die *Capella dos Ossos* (»Kapelle der Knochen«). Die Wände des besonderen kleinen Gotteshauses sind dekoriert mit menschlichen Gebeinen und Schädeln, die in die Wände eingelassen sind. Eine Inschrift erinnert die Besucher daran, dass auch von ihnen hienieden nur Knochen bleiben.

124 ORNITHOLOGISCHER IRRTUM

Azoren. Die Azoren verdanken ihren Namen einem biologischen Irrtum: Als die portugiesischen Entdecker auf den Inseln landeten, fielen ihnen zahlreiche Habichte auf, deshalb nannten sie das Archipel *Ilhas dos Açores* (»Insel der Habichte«). Als später Portugiesen mit besseren Kenntnissen der gefiederten Fauna eintrafen, stellten sie fest, dass die Habichte in Wirklichkeit Bussarde sind. Der Name blieb dennoch.

125 Fettnäpfchen

Hallo, ihr Kurzbehosten: Portugiesen beiderlei Geschlechts finden Männer in halben Beinkleidern abseits des Strandes ziemlich lächerlich. In Gotteshäusern oder öffentlichen Gebäuden gelten sie gar als Ärgernis. Äußerst unerfreulich finden Portugiesen es außerdem, wenn Ausländer mit ihnen über Spanien sprechen wollen. Und auch spanischer Fußball ist kein gutes Thema, darauf ist die Mehrheit der Einheimischen gar nicht gut zu sprechen.

126 EIN KRAUT GEGEN DIE STEUERN

Rumänien. Gewiss, die Donau ist in Wahrheit nicht ganz so blau, wie der Walzer verheißt. Aber vergiftet? Doch, das ist wirklich passiert, in Rumänien, und zwar mit Alraune, der Wurzel eines Nachtschattengewächses. Für Hexen ist das halluzinatorische Zeug unersetzlich. 2011 nutzten es Rumäniens Hexen, um den Präsidenten und die Regierung zu verfluchen, denn diese verlangten plötzlich 16 Prozent Steuer von den Damen. Als ob Politiker sich von Flüchen beeindrucken ließen …

127 DER TRANSSILVANIENKENNER, DER NIE DORT WAR

Transsilvanien. Der Schriftsteller, der Rumänien – oder zumindest Transsilvanien – international bekannt gemacht hat, ist der Ire Bram Stoker, der Verfasser von *Dracula*. Viele Fans folgen den Spuren seines beißwütigen Grafen, meist mit einem Reiseführer in der Hand. Der Autor selbst ersparte sich die Mühen der Reise: Er war in seinem ganzen Leben nie in Transsilvanien, seine Ortsangaben entnahm er dem seinerzeitigen Reiseführer *Baedeker Österreich-Ungarn*.

128 LÜGEN ÜBER DIE LÜGENBRÜCKE

Sibiu. Dass die »Lügenbrücke« in Sibiu Lügen sofort bestrafe, indem sie beispielsweise Bräute, die vor der Ehe fälschlich Jungfräulichkeit versprachen, zu Boden werfe, ist eine Lüge. Das schmucke Werk aus Gusseisen, das übrigens in Hessen gefertigt wurde, hieß ursprünglich »Liegenbrücke« und zwar ganz einfach deshalb, weil es ohne Zwischenpfeiler an beiden Enden aufliegt.

129 DER FRÖHLICHE FRIEDHOF

Sápaânta. Die meisten der hölzernen Signaturen eines Lebens auf dem Friedhof in Sápaânta hat ein lokaler Künstler gestaltet, mit bunten, lustigen Bildern, Reliefs und Sprüchen, ganz nach dem Motto: »Über Tote nur Gutes«. Aber auch auf diesem »Fröhlichen Friedhof« lohnt sich ein zweiter, kritischerer Blick: Auf der Rückseite einiger Kreuze werden die kleinen Schwächen mancher Verblichener illustriert.

130 SOMMERSONNWENDE

St. Petersburg. Nördlich des Polarkreises geht zur Sommersonnwende die Sonne nicht unter. Das Gestirn taucht nur kurz hinter den Horizont, erhellt aber den Himmel für die berühmten »Weißen Nächte«. St. Petersburg wirkt dann wie magisch, in der nördlichsten Millionenstadt der Welt wird durchgefeiert. Vor allem, wenn der Zweimaster mit den scharlachroten Segeln nächtens auf der Newa einläuft. Er ehrt alljährlich die neuen Schulabsolventen – die gewiss alle Fjodor Dostojewskis Novelle »Weiße Nächte« gelesen haben.

131 GERADE MIT KURVE

Moskau/St. Petersburg. Der »Finger des Zaren«, eine Ausbuchtung auf der weithin geraden Bahnlinie zwischen Moskau und St. Petersburg, soll entstanden sein, weil der Monarch mit dem Lineal die Verbindung zwischen den Städten zog und dabei seine Fingerkuppe mitumrundete. Wahr ist jedoch, dass die Bahn dort eine zu starke Steigung umfahren musste. Inzwischen ist die Legende Geschichte: 2001 wurde die Strecke begradigt.

132 EIN BISCHOF IN DER SAUNA

St. Petersburg. Die evangelische Petrikirche in St. Petersburg, die größte dieser Glaubensrichtung in Russland, wurde in sowjetischer Zeit zu einem 25 Meter langen Bad umgebaut. Heute wird auf der Decke über dem Bassin wieder gebetet (es kann nicht entfernt werden, weil die Kirche sonst einstürzen würde) und der Bischof hat sein Büro in der früheren Sauna.

133 DER SCHÖNE ROTE PLATZ

Moskau. Der Rote Platz in Moskau ist keineswegs ein mächtiges Monument der kommunistischen Epoche, wie man annehmen könnte. *Krasnaja Ploschtschad*, so der russische Name des weltberühmten Stadtzentrums, bedeutet »schöner Platz« und so lautete der Name schon im 16. Jahrhundert. Die sprachlich ebenfalls mögliche Bedeutung »roter Platz« kam den Herren hinter den roten Kreml-Mauern aber natürlich mehr gelegen.

134 KATHARINA UND IHRE LOVER

Puschkin. Immer wieder müssen die Guides im prächtigen Katharinenpalast in Puschkin bei St. Petersburg Fragen nach der »Sexsucht« der Zarin beantworten. Stimmt es, dass ihre Liebhaber zuvor vom Leibarzt untersucht wurden? Wahrscheinlich ja – aus Furcht vor Krankheiten. Stimmt es, dass Hofdamen zuvor als Versuchskaninchen dienen mussten? Eher nein. War die Zarin unersättlich? Naja, es waren wohl weniger als 20 Liebhaber.

135 SOMMERSONNWENDE

Schweden. **Für die Schweden ist *Midsommar* zwischen dem 20. und 26. Juni ein großes Fest. Der Name »Mittsommer« ist aber nicht korrekt, denn offiziell beginnt der Sommer erst jetzt und endet am 22. oder 23. September. Und das Festsymbol, die *Majstång*? Ein Maibaum im späten Juni? Die geschmückte Stange stammt vom Wort *maja* (»mit Blumen schmücken«). Stichwort Blumen: Junge Mädchen sammeln in der Nacht sieben Blumenarten. Unterm Kopfkissen zeigen sie im Traum den künftigen Ehemann.**

136 FLUGVERBOT FÜR GAMMELFISCH

Schweden. Der *Surströmming* ist eine Delikatesse, für deren Genuss man wohl geboren sein muss: Hering, der gut ein Vierteljahr in Salzlake gärt (und dann bestialisch stinkt), ehe er in Konservendosen abgefüllt wird. Da das Gericht in der Dose weitergärt, droht Explosionsgefahr, deshalb ist auf Flügen von Air France und British Airways die Mitnahme verboten.

137 ESSEN WIE EIN NOBELPREISTRÄGER

Stockholm. Nach der Verleihung der Nobelpreise in Stockholm, die immer am 10. Dezember stattfindet, wird 1300 Gästen im *Stadshuskällaren* (»Ratshauskeller«) ein Festmahl serviert. Das jeweilige Dinner ist auch für Normalsterbliche zu haben – nach Voranmeldung. Historische Speisefolgen werden schon für Gruppen ab acht Personen eigens angerichtet. Bei deutschen Gästen sind beispielsweise die Lammgerichte für Heinrich Böll (1972) und Günter Grass (1999) beliebt.

138 ANZÜGLICHER ORTSNAME

Fjuckby. Der kleine Ort Fjuckby (»windiger Platz«) bei Uppsala muss mit seinem Namen weiterleben – und mit einigem Spott. Vor einigen Jahren beantragten einige Einwohner einen neuen Namen, weil der alte »gewisse fleischlich-sinnliche Aktivitäten« assoziiere, sowohl im Schwedischen (*juck*) als auch im Englischen (*f**k*). Die Behörde lehnte den Antrag ab, weil er von zu wenig Fjuckbyern unterstützt wurde.

139 ERLKÖNIGE AUF EIS

Arjeplog. Das nordschwedische Dorf ist den meisten Menschen unbekannt – es sei denn, sie sind in der Autofertigung tätig: Auf dem vereisten See des »Winterzentrums« dieser Industrie werden stets mehr oder minder getarnte Prototypen getestet. Folglich liegen hier immer Paparazzi auf der Lauer und die einzige Tankstelle gilt als »meistfotografierte der Welt«.

140 Fettnäpfchen

In Schweden ist das Fettnäpfchen oft der Butter- oder Margarinenapf. Für den gibt es ein eigenes Messer, wie auch für Käse, Wurst etc., und man legt es nach Gebrauch zurück. Außerdem duzt man jeden (ohne auch gleich den Vornamen zu benutzen) – außer dem König. Dass man das alles weiß, sollte man aber besser nicht zu sehr raushängen lassen, oder ist es Zufall, dass »Besserwisser« unübersetzt ins Schwedische Eingang gefunden hat?

141 LOCHOLOGIE

Schweiz. Es gibt immer weniger Löcher im Käse. Hört sich komisch an, ist aber so, und für die Schweiz ein ernstes Problem. Grund sind wohl bessere Filter in den Molkereien, damit fehlt dem Käse der Stallstaub. Nun soll der Milch etwas organischer »Staub« zugesetzt werden, damit Emmentaler & Co. wieder original aussehen. Und wie kontrollieren die Käseexperten, ob die Laibe gute Löcher entwickeln? Mit modernster Medizintechnik, nämlich mit Computertomografen.

142 DIE KÖNIGIN DER KÜHE

Martigny. Zum Finale der Schweizer Kuhkämpfe um den Titel der »Königin der Königinnen« kommen jedes Jahr im Oktober 50 000 Zuschauer ins Stadion von Martigny. Die Damen brauchen dabei keine Toreros, sie versuchen ihresgleichen ganz unblutig klarzumachen, wer die Chefin im Ring ist. Die Siegerin bekommt eine neue Glocke. Auch der Ort Flaschen bei Leukerbad hat diese Kür als Winterattraktion entdeckt.

143 VERBERGEN IN DEN BERGEN

Vitznau. Die Schweizer Berge sollen von Bunkern und Militärtunneln durchsetzt sein wie ein Käse. Aber die Militäranlagen werden nicht mehr gebraucht. Vitznau bei Luzern hat daraus ein Bunkerhotel gemacht, mitsamt Kriegsgerät und Armeeambiente. Gruppen können so preiswert unterirdisch die einstige Landesverteidigung erkunden. Armeeschlafsäcke und Wolldecken mit Schweizerkreuz kosten extra.

144 DIE LÄNGSTE TREPPE DER WELT

Niesen bei Wimmis. Die längste Treppe der Welt ist nur einmal im Jahr für jedermann zugänglich, soweit man sich rechtzeitig zum »Lauf auf den Niesen« angemeldet hat. Dabei gilt es, auf der Betriebstreppe entlang der Gleise der Niesenbahn 11 674 Stufen bergan zu flitzen, das entspricht 3,4 Kilometern, von 700 auf 2363 Höhenmeter mit einer durchschnittlichen Steigung von 55 Prozent. Der Rekord liegt bei etwa 1 Stunde.

145 KÖSTLICHER HERBST

Vevey. **Weinfeste gibt es in Europa so viele, aber die *Fête des Vignerons* in Vevey ist einzigartig: Sie findet nur etwa alle 25 Jahre statt, dann wirken jedoch 6000 Menschen mit – fast jeder dritte Einwohner. Die Massenszenen in historischen Kostümen sind denn auch die Höhepunkte der Schau. Die Zuschauer reisen aus der ganzen Welt an. Die letzte *Fête* fand von Mitte Juli bis Mitte August 2019 statt. Sie wurde von der UNESCO als »Immaterielles Kulturerbe der Welt« ausgezeichnet.**

146 HAUPTSTADT-TRIO

Bratislava. Die Hauptstadt der Slowakei ist die einzige Kapitale der Welt, deren Stadtgebiet an zwei Staaten angrenzt: an Österreich und an Ungarn. Die Donau schließt die Stadt, die bis 1919 offiziell auch Pressburg hieß, auch an die Hauptstädte Österreichs (Wien) und Ungarns (Budapest) an. Mit einem 60 Stundenkilometer schnellen Katamaran mit Wasserjet-Antrieb etwa erreicht man Wien von Bratislava aus in nur 75 Minuten.

147 EIN WEIN FÜR DEN HEILIGEN

Prag. Die Hauptstadt der Tschechischen Republik feiert den Martinstag am 11. November mit einem alten Brauch: dem Winzermarkt am Rathaus. Dabei wird der erste Martinswein des Jahres ausgeschenkt. Er darf traditionell nur aus fünf Rebsorten gewonnen werden, drei Traubenarten für den Weißwein, zwei für den Rotwein. St. Martin persönlich auf dem Ross verkostet den neuen Tropfen.

148 PFERDE, DIE VON DECKEN HÄNGEN

Prag. Das »Lucerna« in Prag gilt als eines der schönsten Kinos Europas. In seinem großen Foyer baumelt unter einer Glaskuppel ein bizarres Wahrzeichen: ein Reiterstandbild mit dem Heiligen Wenzel, allerdings auf dem Bauch statt auf dem Rücken eines toten Pferdes sitzend – eine Parodie auf die Reiterstatue auf dem Wenzelsplatz.

149 STADT DER VAMPIRE

Český Krumlov. Dass es Vampire in Český Krumlov (Krumau) gegeben haben soll, »belegen« drei 300 Jahre alte Skelette, die mit Steinen beschwert begraben wurden. Eines wurde zudem enthauptet, ein anderes hatte einen Pfahl dort, wo einst das Herz war. In Krumau lebte außerdem die Adelsfrau Eleonore zu Schwarzenberg, die Wolfsmilch trank, um einen Sohn zu gebären. Bestattet ist sie, die wohl in der Realität nur eine leidende Krebskranke war, in der Kirche St. Veit; ihr Herz wurde separat eingemauert.

150 Fettnäpfchen

In Tschechien liebt man Titel und wer einen hat, wünscht auch so angesprochen zu werden. Und wer keinen hat? Der wird nicht widersprechen, wenn man ihn freundlich als »Herr Ingenieur« tituliert oder als »Doktor«, bei gesteigerter Intelligenzvermutung darf es auch ein »Professor« sein. Und worüber kommt man mit den Tschechen leicht ins Gespräch? Eishockey ist immer ein gutes Sujet.

151 DER ÄLTESTE WEINSTOCK DER WELT

Maribor. In Sloweniens zweitgrößter Stadt steht seit rund 400 Jahren der wohl älteste lebende Weinstock der Welt, der bis heute jährlich Trauben für 25 Liter Wein der Traubensorte Žametovka, auch Blauer Kölner genannt, produziert. Der Tropfen wird in 100 künstlerisch gestalteten 0,25-Liter-Flaschen aufgezogen, die als Rarität – und weniger wegen der Qualität des Weins – beliebt sind.

152 POLITIK UNTER DER LINDE

Ludranski Vrh. Das Symbol Sloweniens, die *Najevnik*-Linde in Ludranski Vrh, ist 24 Meter hoch und hat einen Stammumfang von 10,7 Metern. Die Linde hat wichtige Stationen der slowenischen Geschichte erlebt, etwa die Ottomaneninvasion; sie reicht zurück in die Zeit des legendären Königs Matjaž. Seit einigen Jahren versammelt sich Sloweniens Politelite in jedem Sommer unter seiner Krone.

153 BRÜCKENSCHLAG

Jesenice/Nova Gerica. Die Solkan-Brücke auf der Strecke Jesenice–Nova Gerica gilt als größte steinerne Eisenbahnbrücke der Welt. Ihr Hauptbogen wurde 1927 aus sage und schreibe 4533 exakt bearbeiteten Felsstücken errichtet. Er allein ist schon 36 Meter hoch und 85 Meter lang. Insgesamt misst die auch Salcano-Brücke genannte Konstruktion knapp 220 Meter. Die Strecke wurde im Auftrag der kaiserlichen und königlichen Regierung in Wien gebaut.

154 DIE TREPPE HINAUF, NICHT NUR ÜBER DIE SCHWELLE

Bled. Im Bleder See liegt »Sloweniens einzige Insel«. Maria Himmelfahrt, die Kirche auf dem Eiland, stammt von 1465 und birgt einige Kunstschätze. Brautleute aus dem In- und Ausland wählen das Gotteshaus gern für ihre Hochzeitszeremonie. Ob jedem Bräutigam bewusst ist, dass er gemäß Tradition seine Braut die 99 Stufen der Freitreppe hinauftragen muss?

155 Fettnäpfchen

Wer bei Slowenen eingeladen wird, muss – auch tagsüber – damit rechnen, dass ihm ein *Sliwowitz* (Pflaumenschnaps) oder ein *borovička* (Wacholderschnaps) angeboten wird. Das ist nicht selten ein starkes Destillat; vor allem auf dem Land wird oft Selbstgebrannter gereicht. Darum Vorsicht: Ist das Glas leer, wird automatisch nachgeschenkt. Immer. Wer das nicht möchte, sollte deshalb immer sichtbar etwas im Glas lassen – als höfliches Zeichen.

156 JAHRESWECHSEL

Spanien. Das Epizentrum der Silvesternacht ist das Madrider Rathaus: Wenn dessen Turmuhr zwölf schlägt, schluckt ein Großteil der Nation zu jedem Glockenton, der jeweils einen Monat des neuen Jahres symbolisiert, eine Traube. Hört sich einfacher an, als es ist. Weil es Erstickungsfälle gegeben haben soll, wurden die Abstände der Töne von 1 auf 3 Sekunden verlängert, heißt es. Der Brauch war eine Idee spanischer Winzer: 1909 wollten sie so einen Teil ihrer üppigen Ernte loswerden.

157 WENN TEUFEL ÜBER BABYS SPRINGEN

Castrillo de Murcia. Der *Salto del Colacho* (»Teufelssprung«) ist eines der bizarrsten Rituale im diesbezüglich reichen Spanien: Jedes Jahr nach Fronleichnam werden die gelb-rot gewandeten Teufel – vor allem von den Kindern – am Samstag mit Schimpfworten geschmäht; die *Colachos* wehren sich mit ihren Ochsenpeitschen. Am Sonntag springen sie über Babys, die danach von allen Sünden befreit und vor allen Übeln bewahrt sein sollen.

Warum im spanischen Castrillo de Murcia Teufel über Babys springen, verrät Nr. 157.

158 BLAUE HÄUSER IM WEIßEN DORF

Júzcar. Der Ort gehört zu den berühmten »weißen Dörfern« Andalusiens – obwohl alle Häuser blau gestrichen sind. Letzteres geht zurück auf eine Werbung zur spanischen Premiere eines *Schlümpfe*-Filmes. Nach Ende der Aktion sprach sich die deutliche Mehrheit der Bewohner dafür aus, es beim leuchtenden Blau zu belassen, das dem Dorf steigende Besucherzahlen beschert hatte.

159 DIE UNVOLLENDETE RECYCLING-KATHEDRALE

Mejorada del Campo. Hier entsteht die wohl ungewöhnlichste Kathedrale der Welt, das Werk von Justo Gallego Martínez. Der Bauer ohne jegliches Architektenwissen hatte nach der Genesung von einer Krankheit gelobt, eigenhändig ein großes Gotteshaus zu errichten. Da er kaum Geld hat, nutzen er und seine zwei Helfer seit 1961 für die Recycling-Kirche alles, was sie finden oder geschenkt bekommen. Touristen und ihre Spenden sind dabei natürlich auch gern gesehen.

160 Fettnäpfchen

Essen wird in Spanien groß geschrieben, eine Stunde fürs Mittagessen ist dabei eher wenig. *Paella* wird übrigens nur mittags gegessen, wer das Gericht abends bestellt, outet sich schon vor dem ersten Happen als Tourist. Abends gibt es eine prima Alternative: *Tapas* beim Barbummel! Am besten immer nach der Spezialität des Hauses fragen.

161 VON KONTINENT ZU KONTINENT SCHWIMMEN

Istanbul. Die größte Stadt der Türkei ist die einzige weltweit, die sich über zwei Kontinente erstreckt: Im Nordwesten liegt der europäische Teil, im Südosten der asiatische, beide trennt der Bosporus. Istanbul nutzt die Meeresstraße, die nur 700 bis 2300 Meter breit ist, jährlich im Juli für das einzigartige »Cross Continental Swim«. Dazu wird der Bosporus 2 Stunden lang für Schiffe gesperrt und Schwimmer dominieren das Meer.

162 KAPITALER FLAUSCH

Ankara. Der Name der türkischen Hauptstadt Ankara war bis 1930 »Angora«, Namenspaten waren entweder die Kaninchen der Region mit ihrem besonders flauschigen Fell oder die Angoraziegen, denen die Modeszene den Mohair verdankt. Angorakaninchen waren die ersten Karnickel, die zu Haustieren wurden. Nachdem das französische Königshaus sie entdeckt hatte, wollte Frankreichs Elite die »türkischen Kaninchen« ebenfalls.

163 SPARSAMER BAUMEISTER

Istanbul. Die »Sultan-Ahmed-Moschee« in Istanbul, bekannter als »Blaue Moschee«, ist eine der wenigen islamischen Gebetsstätten mit sechs Minaretten. Sultan Ahmed I. hatte damals den Architekten beauftragt, die geplanten vier Minarette zu vergolden. Das notwendige Blattgold hätte aber das Budget weit überschritten. So »verhörte« sich der Baumeister: Statt *altin* (»Gold«) verstand – und realisierte – er *alti* (»sechs«).

164 RINGENDE KAMELE

Selçuk. Im Winter beginnt an der Westküste die Saison für das »Kamelringen«. Dabei nutzen die Besitzer der eher ruhigen Tiere deren natürlichen Dominierungstrieb während der Brunftzeit von November bis März. Beim Ringen versuchen zwei Bullen, sich gegenseitig niederzudrücken – ein meist kurzer »Kampf«. Aus dem einstigen Nomadenvergnügen sind viele Festivals entstanden. Hauptort der professionellen Liga ist Selçuk bei Izmir.

165 Fettnäpfchen

Der Gründer der modernen Türkei, Kemal Atatürk, ziert die türkischen Geldscheine. Sie zu bekritzeln, ob die Vorder- oder die konterfeilose Rückseite, gilt als Beleidigung des bis heute verehrten Staatsmanns, deshalb müssen die »Täter« mit Strafe rechnen. Eine Beleidigung jedermanns ist es, wenn Touristen auf dem Bazar oder im Souvenirladen ohne Kaufabsicht um den Preis feilschen. Auch bei Kleinigkeiten sollte man nicht handeln.

166 DENKSPORT IN WOHLIG-WARMEM NASS

Budapest. Schachspieler treffen sich täglich im Thermalaußenbecken des Széchenyi-Heilbades, eine der größten Badeanlagen in Europa. Das löwenzahngelbe Barockbad, dessen bis zu 74 Grad heißes Wasser aus fast 1000 Metern Tiefe aufsteigt, ist nur eine von rund 1500 Thermal- und Heilquellen in Ungarn.

167 TAUCHEN UNTER DER STADT

Budapest. Unter der Hauptstadt liegt das »Molnár«, ein größtenteils geflutetes Höhlensystem, in das Tauchanfänger nur etwa 50 Meter weit vordringen dürfen. Selbst erfahrene Taucher steigen nicht ohne Führer in das Labyrinth aus engen Stollen und kathedralenartigen Hallen hinunter. In den Höhlen hat man schon Fossilien mit Meeresgetier gefunden.

168 EINEM LANDESSOHN ZU EHREN

Budapest/Raiding. Der internationale Flughafen von Budapest trägt den Namen »Franz-Liszt-Airport«. Liszts Geburtsort, Raiding, heute im österreichischen Burgenland gelegen, gehörte damals zu Ungarn. Ungarisch sprach der Komponist allerdings nicht, nur Deutsch und Französisch, und gestorben ist er in Bayreuth. Allerdings bezeichnete sich Liszt selbst als Ungar und unterschrieb auch mit »Liszt, Ferencz«.

Zwei Sportarten in Kombination: Schach im Schwimmbad (Nr. 166).

169 EIN MEKKA IN UNGARN

Budapest. Gül Baba, ein muslimischer Derwisch und Dichter aus dem 16. Jahrhundert, kam mit der ottomanischen Invasion nach Ungarn, wo er 1541 starb. Seine Grabkapelle in der Mecset-Straße wurde nach der Rückeroberung Ungarns durch die Habsburger als katholisches Gotteshaus genutzt. Das kleine Gebäude, das heute im Besitz der Türkei ist, gilt als nördlichstes Heiligtum und Pilgerziel des Islam.

170 Fettnäpfchen

Die Ungarn heben gern einen, doch mit Bier anzustoßen, ist für viele, vor allem für die älteren Magyaren, ein No-Go. Grund ist die Revolution von 1848/49 gegen die Österreicher. Die Besatzer siegten, exekutierten ungarische Generäle und feierten das mit Bier. Daraufhin beschlossen die Ungarn, zum Gedenken 150 Jahre lang nicht mit Bierkrügen anzustoßen. Der Schwur lief zwar 1999 aus, aber mancherorts wird er noch hochgehalten.

171 SÜNDER IM ALLERHEILIGSTEN

Vatikan. Dass der Vatikan der kleinste Staat der Welt ist, weiß man. Kaum bekannt ist, dass er auch das Land mit der höchsten Kriminalitätsrate ist. Der Vatikan hat etwa 700 Bürger und jährlich 1,2 Millionen Besucher, die Taschendiebe anziehen. Pro Kopf gibt es nirgends so viele Vergehen wie hier. Meist geht es dabei um Kleinkriminalität, aber auch ein Doppelmord war schon dabei.

172 DEN ZWEIFLERN ZUM TROTZ

Vatikan. Die berühmteste Statue im Petersdom ist fraglos die *Pietà* von Michelangelo. Wer genau hinschaut, findet auf ihr die Signatur des Künstlers, der darauf bei anderen Skulpturen meist verzichtete. Bei dieser aber soll er den Zweifel zweier Kirchenmänner belauscht haben: Michelangelo sei zu jung für dieses Meisterwerk. Darauf, so die Legende, schlich er heimlich in den Dom und signierte die Gottesmutter nachträglich.

173 STREICHELEINHEITEN FÜR GOLDFÜẞE

Vatikan. Die bekannteste Statue im Petersdom ist die Bronzeplastik von St. Petrus, die ihren rechten Fuß etwas vorstreckt. Letzterer ist im Wortsinn »abgegriffen«, weil es Segen bringen soll, wenn man ihn berührt. Der Fuß soll im Lauf der Jahrhunderte bereits mehrfach ersetzt worden sein. Geschaffen wurde das Denkmal etwa 1300 von Arnolfo di Cambrio. Zu hohen Feiertagen wird die Skulptur in Bischofsgewänder gekleidet.

174 BESSERE SICHT IN DEN HIMMEL

Castelgandolfo. Auf dem Areal des päpstlichen Sommersitzes befindet sich auch das Himmelsobservatorium des Vatikans. Es musste Rom wegen der zu starken »Lichtverschmutzung« verlassen. Aber selbst hier, 426 Meter hoch in den Albaner Bergen, ist der Blick in höhere Sphären meist behindert, weshalb der Vatikan 1993 auf dem Mount Graham im Südwesten des US-Bundesstaats Arizona ein weiteres Teleskop stationiert hat.

175 Fettnäpfchen

Der gewöhnliche Christenmensch dürfte vergeblich auf eine Privataudienz beim Pontifex Maximus hoffen, bestenfalls ist eine Gruppenaudienz drin. Aber für die Generalaudienz mittwochs um 10.30 Uhr hat gute Chancen, einer von Zehntausend zu sein, wer dem Protokoll folgt: Schultern und Knie bedecken, keine Messer, andere Metallgeräte oder Glasflaschen mitbringen. Und schon geht man nach kurzer Papstrede und Gebet gesegnet von dannen.

176 HEILSAMES AUS BIRKEN

Weißrussland. Klar, die Weißrussen trinken, wie fast alle Völker in Europas Osten, gern Wodka. Aber sie haben auch einen anderen liquiden Favoriten, den sie meist unvergoren zu sich nehmen: Birkensaft. Die Flüssigkeit wird den Bäumen im Frühjahr abgezapft. In dieser Zeit liefert eine gesunde Birke bis zu 10 Liter Saft pro Tag. Das Naturprodukt soll – medizinisch unbewiesen – heilsam gegen Gicht und Rheumatismus sein.

177 EIN HELD IN ALLER WELT

Mereczowszczyzna. Tadeusz Kościuszko ist nicht nur in Polen und den USA (wo er an der Seite von George Washington kämpfte) ein Nationalheld, sondern auch in Weißrussland. Der polnische Adelsspross wurde 1746 in Mereczowszczyzna geboren, einem Ort, der heute zu Weißrussland gehört. Ausgewanderte Polen errichteten in aller Welt Gedenkstätten für Kościuszko, in Australien wurde sogar der höchste Berg nach ihm benannt.

178 PÄPSTLICHE BÜFFELLIEBE

Belovezhskaya Pushcha. Weißrussland beherbergt die größte Bisonherde der Welt. Die Tiere leben größtenteils in Belovezhskaya Pushcha, dem größten Urwald Europas, der schon im späten 14. Jahrhundert unter Schutz gestellt wurde. Die Weißrussen sind stolz auf ihre Büffel, deren Freundeskreis gar bis Rom zu reichen scheint: Papst Leo X. soll den Dichter Mikola Gusovski einst zu einem Bisongedicht angeregt haben.

179 REINE MÄNNERSACHE

Slutsk. Die meisten originalen Slutsk-Gürtel, einst Kennzeichen des weißrussischen Adels, sind aus den Sammlungen weltweit verschwunden. Sogar das Land selbst besitzt nur noch wenige der bis zu 4 Meter langen Gürtel, in die oft feine Gold- und Silberfäden integriert wurden. Sie durften früher nur von Männern gewebt und getragen werden. Seit einigen Jahren werden sie als Souvenir für Touristen wieder hergestellt.

180 Fettnäpfchen

Weißrussland, international als Belarus bekannt, gilt im Westen als »letzte Diktatur Europas« – wohl auch ein Grund dafür, dass die Besucherzahlen in dem Land überschaubar sind. Touristen sollten die Bezeichnung besser nicht verwenden und weder über den Präsidenten Aljaksandr Ryhorawitsch Lukaschenka noch generell über Politik oder die wirtschaftliche Lage des Staates reden. Eine Ausweisung oder schlimmere Sanktionen könnten drohen.

F-GNII
Sonesta
ISLANDER CLUB

AMERIKA

Am Maho Beach auf Saint-Martin donnern Flugzeuge in wenigen Metern Höhe über die Köpfe der Badenden hinweg: eine Attraktion für Touristen (Nr. 227).

181 EIN VOLK VON ZWIEBELN

Bermuda. *Onions* (»Zwiebeln«) werden die rund 65 000 Einwohner von Bermuda genannt, auch von sich selbst. *Onion patch* (»Zwiebelacker«) ist ihr Spitzname für die rund 360 Inseln im Atlantik. Einst waren *Bermuda onions*, das leicht süße, von den Kanarischen Inseln eingeführte Gemüse, das wichtigste Exportgut und standen vor allem in den USA hoch im Kurs. Heute werden sie nicht mehr angebaut.

182 ÜBERLEBENSNOTWENDIGE DACHKONSTRUKTION

Bermuda. Die Region ist berühmt für rosa Korallensandstrände, für die nördlichsten tropischen Korallen der Welt, für das Bermudadreieck (ein Meeresgebiet, in dem angeblich Schiffe und Flugzeuge verschwinden) – und für seine Architektur: pastellbunte Häuser im Bungalowstil mit typischen weißen Steindächern. Letztere sind überlebenswichtig, denn mit ihnen wird das Wasser für die fluss- und quellenlosen Inseln gesammelt: Sie sind treppenförmig aufgebaut, jede Stufe bildet eine Regenrinne, die den Niederschlag kanalisiert, sodass er aufgefangen werden kann.

183 JESUS UND DIE DRACHEN

Southampton. Wie macht man Kindern Christi Himmelfahrt verständlich? Ein Lehrer in Bermuda soll die Idee gehabt haben, ein Jesusporträt auf einen Drachen zu malen und diesen aufsteigen zu lassen. Daraus hat sich ein Osterbrauch entwickelt: Am Karfreitag lassen Hunderte am Horseshoe Beach ihre oft selbst gemachten bunten Drachen steigen, ein Fest, bei dem auch *Gombey*-Tänzer in ihren bunten Kostümen auftreten.

184 DER GRÜßENDE JOHNNY VON HAMILTON

Hamilton. Johnny Barnes (1923–2016) war weltweit einzigartig: Werktags grüßte er an einem Kreisverkehr in der Bermuda-Hauptstadt Hamilton jeden Morgen für einige Stunden alle Vorbeikommenden. Freundlich winkend fügte er oft hinzu: »God loves you« – und die *Bermudians* liebten den alten Herren. 1998 taten sich gar einige Kaufleute zusammen und spendierten eine lebensgroße Skulptur, die den grüßenden Johnny zeigt.

185 Fettnäpfchen

Das britische Überseegebiet ist dank der »Bermuda Shorts« verewigt in der Geschichte der Mode. Und klar, man kann die kurzen Männerhosen in allen denkbaren Farben erstehen. In der Stadt jedoch trägt man die Shorts im Freizeitmodus eher in golfaffinen Mustern (Bermuda soll pro Kopf die meisten Golfplätze der Welt haben). Und wenn es offiziell wird, kombiniert mit klassischem Schuhwerk, Kniesocken, Jackett und Schlips – geht wirklich!

186 GLETSCHERSCHWUND

Grönland. Sie ist nicht nur die größte, sondern auch die eisreichste Insel der Welt. 85 Prozent der 2,17 Millionen Quadratkilometer sind von einem gewaltigen, teils mehr als 3 Kilometer hohen Eispanzer bedeckt. Jährlich brechen 10 000 bis 15 000 Gletscher ab von dieser Kruste – der »Titanic«-Eisberg war einer von ihnen. Würde Grönlands Eis komplett schmelzen, stiege der Meeresspiegel um enorme 6 bis 7 Meter.

187 SOMMERSONNENWENDE BEI EISESKÄLTE

Grönland. Mittsommer, der längste Tag des Jahres am 21. Juni, wird auch in einigen nordischen Ländern gefeiert. Wohl kaum ein Land hat dazu mehr Grund als Grönland, denn dort herrscht im Winter monatelang rund um die Uhr völlige Dunkelheit. Dass im Sommer die Sonne zwischen dem 25. Mai und dem 25. Juli nicht untergeht, ist in Grönland nur ein kleiner Trost, denn nur im Juli steigen die Temperaturen über 0 Grad.

188 OHNE RASEN KEIN FUßBALL

Grönland. 16 : 0 gegen Sark war der höchste Sieg der grönländischen Fußballnationalmannschaft, aber es gab auch 0 : 6-Packungen gegen Färöer, Guernsey und Menorca. Grönland kickt international – aber ohne FIFA-Segen. Der Weltfußballverband hatte die Grönländer nicht aufgenommen, weil sie keinen Rasenplatz haben. Inzwischen ist aber Kunstrasen erlaubt und die Insel pocht auf gleiches Recht wie für FIFA-Mitglied Färöer.

189 DIE LÄNGSTE SCHLUCHT DER WELT

Grönland. Per Bodenradar haben Forscher 2013 ermittelt, dass unter Grönlands Eis die längste Schlucht der Welt verläuft. Der »Grand Canyon von Grönland« misst mindestens 750 Kilometer und damit deutlich mehr als der bisherige Rekordhalter, der etwa 500 Kilometer lange Yarlung Zangbo Canyon in Tibet. Die asiatische Schlucht ist dafür gut 20 Kilometer breit und gewaltige 6000 Meter tief (Grönland: 10 Kilometer und 800 Meter).

190 Fettnäpfchen

Die meisten Grönländer sind Kalaallit. Eskimos ist ein Sammelbegriff für die (verwandten) arktischen Völker, der nicht, wie oft behauptet, negativ gemeint ist. Berühmt wurde der »Eskimokuss«, bei dem in der modernen westlichen Kultur als Geste die Nasen aneinandergerieben werden. Bei den Eskimos, die das *kunik* nennen, werden die Nasen nur kurz aneinandergelegt – aber nur unter Verwandten und engen Freunden! Ähnliche Rituale, die dort »Riechküsse« genannt werden, kennen die neuseeländischen Maori und asiatische Völker.

191 BÄRENSTARKES KENNZEICHEN

Northwest Territories. Bei Sammlern heiß begehrt ist das Autokennzeichen der kanadischen Northwest Territories. Es hat die Umrisse eines Eisbären, ein Design, das 1970 zum 100-jährigen Bestehen des arktischen Territoriums eingeführt wurde. Das Kennzeichen ist ein registriertes Markenzeichen.

192 UMZUG NACH KALENDER

Montreal. Als Mietwagentourist sollte man Montreal am 1. Juli möglichst meiden, denn am offiziellen *Moving Day*, in der Provinz Québec *Fête du déménagement* oder *Journée nationale du déménagement* genannt, ziehen alle um. 2009 waren das in Québec über 700 000 Haushalte!

193 KUCKUCKSEIER IM PARLAMENT

Montreal. Bei Führungen durch Québecs Parlamentsgebäude in Montreal fallen in der Großen Halle die Wappen von Belgien und den Niederlanden auf. Sie müssen, so das Ergebnis der Recherchen, zwischen 1966 und 1975 dorthin gelangt sein, aber warum, das weiß niemand, und auch nicht, wer der Spender war. Die Regierung der französischsprachigen Provinz ist – natürlich nur diesbezüglich – ratlos.

194 Fettnäpfchen

Kanada hat sich erfolgreich als multikulturelles Land organisiert, deshalb werden Witze über Nationalitäten, Religionen oder Sprachen nicht geschätzt. Die einzige – innerkanadische – Ausnahme waren die letzthin aus der Mode gekommenen Newfie-Witze über die Neufundländer (nein, nicht die Hunde!). Die Scherze folgten meist dem lahmen Muster deutscher Ostfriesen-Witze.

195 SOMMERSONNWENDE

USA. Auf dem Casper Mountain in Wyoming lebte die Malerin und Schriftstellerin Elisabeth »Neal« Forsling, die zum *Midsummer Eve* ihre Freundinnen einlud. Sie kamen in Hexenkostümen mit spitzen Hüten und erzählten Geschichten. Die Künstlerin schenkte Wyoming ihr Haus mit Grund, daraus wurde ein Museum mit Naturpark. Jeweils zum Mittsommerabend lebt diese Tradition wieder auf. Es wird ein großes Feuer gemacht, in das man rote Erde wirft, damit das Glück fürs nächste Jahr gesichert ist.

196 FRAU AM STEUER, UNGEHEUER

Memphis. Der Ort in Tennessee steht hoch im Kurs, nicht nur bei eingefleischten Elvis-Fans. Weibliche Fans (und auch andere Touristinnen) sollten sich aber gut überlegen, ob sie sich ans Steuer setzen wollen: Das alte Gesetz, demzufolge vor weiblichen Autofahrern jemand mit einer roten Flagge vorauslaufen muss, um Fußgänger und andere Autofahrer zu warnen, gilt zumindest formell immer noch.

197 NAPOLEON UND DAS FBI

Washington DC. Das Hauptquartier der US-Bundespolizei in der Hauptstadt Washington DC erhielt 2017 ein attraktives Besucherzentrum, die »FBI Experience«. Sie ist allerdings nur für US-Bürger und nach Voranmeldung zugänglich. Diese erfahren dann u. a., wer das Federal Bureau of Investigation (Bundesamt für Ermittlungen) 1908 gegründet hat: Generalstaatsanwalt Charles Joseph Bonaparte, Napoleons Großneffe.

198 GELDWÄSCHE MIT SELTSAMEN BLÜTEN

San Francisco. Geldwäsche vor den Augen des FBI? Im Traditionshotel »Westin St. Francis« an San Franciscos Union Square wird das schamlos praktiziert: Ein angestellter *coin washer* reinigt hier alle Geldstücke, seit in den 1930er-Jahren Damen weiße Handschuhe trugen. Heute ist das blinkende Geld das Markenzeichen des Hauses.

199 NICHT DIE PFERDE SCHEU MACHEN!

New York City. Die Kutschen am Central Park sollen auf Wunsch des Bürgermeisters verschwinden. Viele Touristen würden sie vermissen, aber damit würde sich auch ein betagtes Gesetz erledigen: In der »Welthauptstadt« ist es nämlich verboten, in Anwesenheit eines Pferdes einen Schirm zu öffnen oder zu schließen.

200 Fettnäpfchen

Nach der *toilet* fragen? Geht in den USA gar nicht! Das »Land der unbegrenzten Möglichkeiten« präsentiert sich häufig als Land der unbegrenzten Prüderie. Wer nach dem WC sucht, sollte nach dem *restroom* fragen, dem Ruheraum. Oder nach dem *ladies' room* bzw. dem *men's room*. Damen, denen selbst das noch zu sehr nach Wasserspülung klingt, gehen in den *powder room*.

201 KEINE JEANS, DAFÜR SCHOKORIEGEL

Cuilapa. Der Ort in Guatemala ist der geografische Mittelpunkt von Zentralamerika, der Landbrücke zwischen den beiden Halbkontinenten. Die Geburtsstätte des *blue denim* und des Pulverkaffees ist das Land jedoch wohl nicht, obwohl das immer wieder behauptet wird. Der Bluejeans-Stoff stammt aus Nîmes in Frankreich, der *instant coffee* aus Neuseeland. Der Schokoriegel könnte aber tatsächlich von den Maya stammen.

202 KÖSTLICHER HERBST

Grenada. Am 25. Oktober 1983 begann eine – völkerrechtlich umstrittene – Invasion von Truppen der USA und der Nachbarinseln. Damit wurde die durch einen Militärcoup an die Macht gekommene Regierung abgesetzt. Die Soldaten erzählten den Einheimischen von *Thanksgiving*, von denen viele daraufhin Truthähne und Cranberrysauce – bis dato nicht bekannt auf der karibischen Speisekarte – als Geschenke brachten. Seither feiert Grenada *Thanksgiving*.

203 FLIEHENDE FISCHE UND MONSTER MIT HANDICAPS

Belize. Das ehemalige British Honduras hat traumhafte Karibikstrände zu bieten. Nur am Karfreitag gehen die Bewohner nicht ins Wasser, sonst, so glauben sie, wenden sich alle Fische ab von Belize. Der reiche Volksglaube des Landes warnt außerdem vor »El Sisimito«, einem menschenfressenden Monster ohne Knie und mit rückwärts gerichteten Füßen, und vor einem daumenlosen Zwerg namens »El Duende«, der alle Kinder bestraft, die Tiere töten.

204 EIN DORF ALS HAUPTSTADT

Belmopan. Belizes Hauptstadt ist mit gut 12 000 Einwohnern die weltweit kleinste Kapitale eines Landes. Ihren Rang verdankt sie dem Hurrikan »Hattie«, der im Jahr 1961 die damalige Hauptstadt Belize City fast völlig zerstörte. Belmopan lebt bis heute ohne McDonald's, Burger King, Starbucks und Co. – wie das ganze Land, das wohl neben dem Vatikan als einziges weltweit einen solchen kulinarischen Verzicht üben muss. Belizes höchstes Gebäude ist übrigens eine Maya-Pyramide – 43 Meter hoch.

205 Fettnäpfchen

Die Staaten Mittelamerikas sprechen – bis auf das englischsprachige Belize – alle spanisch und sind meist förmlicher als die einstige spanische Kolonialmacht. Statt *buenos dias* (»guten Morgen«), *buenas tardes* (»guten Tag«) und *buenas noches* (»guten Abend/gute Nacht«) kann man sich zwar kurz mit *buenas* begrüßen, aber das flotte *Hola!* sollte man guten Bekannten vorbehalten. Ältere Damen und Herren lassen sich auch gerne statt als *Señora* oder *Señor* als *Doña* oder *Don* anreden.

206 FALSCHER INDIANER AUF ECHTEM GELD

Honduras. Die Landeswährung Lempira ist benannt nach einem indianischen Häuptling, der das Land gegen die spanischen Konquistadoren verteidigte und dabei umkam. Die Lempira-Scheine zeigen folglich einen Indianer – allerdings nicht den aus Honduras: Es ist ein Häuptling eines nordamerikanischen Stammes, der vermutlich nie so weit im Süden weilte.

207 »VERTIEFTE« NAMENSKUNDE

Honduras. Das Land verdankt seinen Namen Christoph Kolumbus höchstselbst: Der immer wieder, aber fälschlicherweise als »Entdecker« Amerikas gerühmte spanische Seefahrer (die ersten Europäer in der Neuen Welt waren Wikinger) soll, als er nach einem Sturm den Strand von Honduras erreichte, ausgerufen haben: »Dem Herrn sei gedankt, dass wir den Tiefen entkommen sind!« – das spanische Wort für »Tiefen« ist *honduras*.

208 BEI DEN PIRATENKINDERN

Islas de la Baia. Auf den Inseln vor der Karibikküste sind *Catrachos* und *Catrachas* – so nennen sich die männlichen und weiblichen Einwohner von Honduras – mit blonden Haaren und blauen Augen keine Seltenheit. Sie verdanken ihr nordeuropäisch anmutendes Aussehen den britischen Piraten, die sich im 17. Jahrhundert auf den Eilanden festsetzten. Unter ihnen soll auch der berüchtigte Henry Morgan gewesen sein.

209 MURMELN EINES RIESEN?

Costa Rica. Auf Costa Rica finden sich im Diquis-Delta und auf der Insel Caño Steinkugeln, die bis zu 16 Tonnen schwer und im Durchmesser bis zu 2,40 Meter groß sind. Sie geben der Wissenschaft immer noch Rätsel auf, da ihre Entstehung bis heute ungeklärt ist. Die steinernen Berühmtheiten haben sogar »Indiana Jones« in den mittelamerikanischen Staat gelockt: Im *Jäger des verlorenen Schatzes* entkommt er knapp – und zum Segen für Hollywood – einem dieser rollenden Steine.

210 SCHATZINSEL VOR REICHER KÜSTE

Coco. Die Kokosinsel, die vor Costa Rica (»reiche Küste«) im Pazifik liegt, soll vielen Piraten als Versteck für ihre Beute gedient haben – allein Bennet Grahame soll hier 7 Tonnen Gold verbuddelt haben. Auch der »Kirchenschatz von Lima« ruht angeblich unter dieser Erde, die schon mehrfach umgegraben wurde. Der wahre Schatz von Coco ist aber die schöne Natur, deshalb hat Costa Rica die Insel unter Schutz gestellt.

211 FLAMMENWERFER ZU EHREN DES VULKANS

Nejapa. »Wie eine Schneeballschlacht, nur heißer«, beschrieb ein Bürger die *Bolas de Fuego*, ein nächtliches Fest am 31. August in Nejapa, El Salvador, mit dem an den Ausbruch des Vulkans El Playon erinnert wird. Mindestens einen Monat zuvor legen zumeist Jugendliche Bälle aus Lumpen in Petroleum ein, die sie in der Nacht des Festes als »Feuerbälle« aufeinander werfen. Polizei und Ärzte sind dann im Dauereinsatz.

212 FEIERN, BIS DIE SCHWARTE KRACHT

El Salvador. Seit 2005 feiert El Salvador immer am zweiten Sonntag im November den *Día de las Pupusas*, einen Nationalfeiertag für eine Maismehlpastete. 2007 wurde in diesem Rahmen gar die größte *pupusa* aller Zeiten gebacken. Die Zutaten für das Nationalgericht: 200 Kilogramm Maismehl, 20 Kilogramm Käse, 20 Kilogramm Schweineschwarte und Bohnenbrei. Das *Guinnessbuch der Rekorde* hat es nachprüfen lassen: Der Durchmesser der indianischen Tortilla betrug 3 Meter.

213 EIN SEE VOLLER BULLEN

Lake Nicaragua. Die Süßwasserhaie im Lake Nicaragua stammen nicht, wie es lange die gängige Meinung der Forscher war, von Salzwasserahnen, die irgendwann in einer durch die Lavaströme von einem Vulkanausbruch zum See gewordenen Meeresbucht überleben mussten. Vielmehr gelangen die Bullenhaie durch den San Juan River bis in Nicaraguas größten See. Auch in anderen großen Flüssen, etwa im Sambesi, tummeln sich die »Bullen des Ozeans«.

214 UNTER UND ÜBER DEN DINGEN

León. Die massige Kathedrale (1860) von León in Nicaragua gilt als größte Kirche Mittelamerikas, einschließlich unterirdischer Kammern und Krypten. Aus einer dieser Kammern führen sieben Tunnel zu anderen Kirchen, die einst Fluchtwege waren, vor allem bei Erdbeben. Man kann die Tunnel besichtigen oder der Kirche wortwörtlich aufs Dach steigen – eine schöne Aussicht auf Stadt und Umland ist der Lohn.

215 LEGENDÄRE MILLIARDÄRS-PLÄSIERCHEN

Managua. Wer in Nicaraguas Hauptstadt Managua im »Crown Plaza«-Hotel absteigt und ein Zimmer in der obersten Etage bekommt, residiert auf den Spuren eines legendären Luxuseremiten und Bazillenneurotikers: Der Milliardär Howard Hughes hatte 1972 wochenlang die beiden Topetagen des damaligen »Intercontinental«-Hotels gemietet. Bei seiner Ankunft musste das gesamte Personal im Keller warten, weil der Exzentriker nicht gesehen werden wollte.

216 SCHLEICHENDER UNTERGANG

Mexiko-Stadt. Risse in den Straßen, Gerüste an Gebäuden – Besucher der 24-Millionen-Metropole Mexiko-Stadt denken sich nichts dabei. Aber die von den Azteken auf einer Seeinsel erbaute Hauptstadt sinkt langsam ein, in den letzten 100 Jahren um etwa 10 Meter. Gründe sind der Wasserbedarf, für den das Grundwasser leergepumpt wird, und die durch Hochhäuser schwerer werdende Stadt. Eine bezahlbare Lösung hat keiner.

217 KÄFER UND KORALLEN

Cancun. Der VW Käfer war sichtlich strömungsgünstig, jetzt tritt er in karibischer Strömung den Beweis an – als Zementnachbildung im Unterwassermuseum des Künstlers Jason de Caires Taylor, in 4 Metern Tiefe vor Cancun. Das Auto wurde in Mexiko bis 2012 gebaut. Das Exponat im Meer soll zusammen mit anderen Werken zum Kern eines Riffs werden.

218 OSTERBRÄUCHE

Mexiko. Osterfeuer sind auf allen Kontinenten beliebt, entweder um den Winter auszutreiben oder um böse Geister fernzuhalten. In Mexiko werden Abbilder von Judas verbrannt (was einst in der ganzen christlichen Welt zu Ostern geschah). Viele dieser Pappmaschee-Figuren sahen und sehen allerdings aus wie ungeliebte Politiker oder andere Zeitgenossen. Sie werden am Karfreitag über den Straßen aufgehängt und am Karsamstag verbrannt. Mexiko-Stadt hat das als umweltschädlich verbannt, aber die Puppen werden weiter angefertigt. Sammler nehmen sie gerne.

219 BIZARRER BAUMSCHMUCK

Mexiko-Stadt. Im Kanalrevier von Xochimilko bei Mexiko-Stadt gibt es eine bizarre Attraktion: Auf der Isla de las Muñecas (»Puppeninsel«) verrotten Puppen in den Bäumen. Der inzwischen verstorbene Gärtner »Don« Julán Santana, der sich am Ertrinken eines kleinen Mädchens schuldig fühlte, hängte sie über Jahre hinweg hier auf – gruselig!

220 Fettnäpfchen

Mexikos fröhlicher Totenkult zu Allerheiligen mit Plastikskeletten, Grabpartys und geschmückten Altären ist legendär. Bei privaten Besuchen sollte man aber peinlich darauf achten, welche Farbe die Blumen im Strauß für den Gastgeber haben: Gelbe Blumen werden dazu genutzt, den Verstorbenen den Weg zu den Feiern zu weisen, und rote Blumen bergen bösen Zauber. Letzteren kann man allerdings bannen, indem man sie einfach mit weißen Blüten kombiniert.

221 VERKAPPTER ECUADORIANER

Panama/Ecuador. Das bekannteste Produkt Panamas, der Panamahut, stammt gar nicht aus Panama, sondern aus Ecuador. Als die Ecuadorianer dem französischen Kaiser Napoleon III. einen Hut schenkten, wurde dieser in Panama verschifft, was den Irrtum begründete. Richtig populär wurde er, als US-Präsident Theodore Roosevelt 1960 beim Besuch der Panamakanal-Baustelle mit einem »original Panamahut« fotografiert wurde.

222 JAHRESWECHSEL

Ecuador. Mit der letzten Stunde eines jeden Jahres steigen in Ecuador nicht nur Feuerwerksraketen auf, es gehen auch die Resultate vieler Tage Arbeit in Flammen auf: die *monigotes*, lebens- und meistens überlegensgroße Figuren aus Pappmaschee. Die meisten sind Karikaturen bekannter Politiker, Wirtschaftskapitäne und Personen aus dem Showgeschäft. Wer sich über einen Promi geärgert hat, baut ihn nach, bemalt ihn bunt, steckt ihm vielleicht noch ein paar Kracher in die Taschen – und dann: Feuer marsch!

223 MENSCHLICHES WASSERFAHRZEUG

Panamakanal. Der Kanal ist 2016 ausgebaut worden, um für die Konkurrenz durch den geplanten Nicaraguakanal gewappnet zu sein. Dann könnten auch die Passagepreise sinken. Die Durchfahrt eines Kreuzfahrtschiffs kostet bis zu 400 000 US-Dollar, je nach Gewicht. Am wenigsten bezahlte 1982 der 68 Kilogramm schwere amerikanische Schwimmer Richard Halliburton: 36 US-Cent. Man erklärte ihn zum »Wasserfahrzeug«.

224 AUF EIN GLÄSCHEN MIT AL CAPONE

Panamakanal. Al Capone war der bekannteste Eigner der Luxusjacht »Santana«, die 1912 für einen Bostoner Millionär gebaut worden war. Capone taufte sie »Isla Morada« und schmuggelte damit Rum u. a. von Kuba nach Florida. Heute kann jedermann auf dem inzwischen schlichter ausgestatteten Schiff eine immer noch ungewöhnliche Fahrt machen: in gut 8 Stunden durch den Panamakanal. An Bord gibt's – natürlich – Alkohol.

225 ARCHE NOAH IM SEE

Barro Colorado. Panama gilt als eines der biologisch reichsten Gebiete Amerikas. Besonders interessant ist die Insel Barro Colorado, auf die sich bei der Flutung des Gatúnsees für den Panamakanal viele Tiere flüchteten. In der Isolation – das Eiland war lange nur für Wissenschaftler zugänglich – konnten viele seltene exotische Tierarten überleben. Das Smithsonian Institute führt inzwischen kleine Besuchergruppen durch einen Teil des Urwalds.

226 MISSLUNGENE ERNTE

Curaçao. Die Geschichte hinter dem berühmten Likör *Blue Curaçao* ist die Geschichte, wie aus einer Pleite ein Riesenerfolg wurde. Als man versuchte, auf Curaçao süße Valencia-Orangen anzubauen, kamen dabei nur kleine, ungenießbare Früchte heraus. Glücklicherweise fand man aber heraus, dass sich aus ihren Schalen ein klarer Likör brennen lässt, der meist blau gefärbt wird und die kleine Karibik-Insel weltberühmt gemacht hat.

227 FLUGZEUGBÄUCHE FOTOGRAFIEREN

Saint-Martin. Sint Maarten, wie der niederländische Teil der Insel Saint-Martin heißt (Frankreich besitzt die andere Hälfte), hat eine Attraktion, die ohrenbetäubend lärmt: Am Maho Beach donnern u. a. Boeing-Jumbos in nur wenigen Metern Höhe über die Köpfe der Badenden hinweg, um unweit von ihnen auf der Landebahn aufzusetzen. Viele Urlauber zieht es deshalb dorthin, um Jets von unten zu filmen. Ein Strandrestaurant gibt Daten zu den Landungen.

228 EIN EIMER FÜR DIE SUPERREICHEN

St. Barth's. Ein verzinkter Eimer ist der Preis bei der »Bucket Regatta« für große Segeljachten, die im März vor der Promi-Insel St. Barth's ausgetragen wird. Die – ausschließlich geladenen – Teilnehmer sind meist Millionäre, bisweilen mit hohem sportlichen Ehrgeiz. Wer aber zu verbissen um den Sieg segelt, kann disqualifiziert werden. Ziel ist es (wie bei der Schwesterregatta im August in Newport), »die Party zu gewinnen«.

Fühlen sich im Wasser sauwohl: die Schweine von Exuma auf den Bahamas (Nr. 231).

229 EIN KRAUT BEI STREIK

Antigua & Barbuda. Die Nationalblume des kleinen Inselstaats Antigua & Barbuda ist eine gelb blühende Agavenart, deren Inneres auch als Fischköder benutzt wird. Was spannender ist: Es gibt auch ein Nationalunkraut! »Widdy Widdy« (*Corchorus siliquosus*) hat nämlich Geschichte. Als 1951 die Zuckerrohrarbeiter streikten und kein Geld hatten, ernährten sie sich und ihre Familien von dem Staudengewächs, das gekocht ein guter Proteinlieferant ist.

230 TRITT SIE, JENNY!

Grenada. Die »Gewürzinsel«, die für ein Fünftel der Welternte an Muskatnuss sorgt, verdankt ihre Existenz einem seit Langem schlafenden Vulkan. Im Norden, wenige Kilometer vor der Insel, liegt ein aktiver Unterwasservulkan, der 2001 zum bislang letzten Mal ausgebrochen ist. Sein Name: »Kick-'em-Jenny« (»Tritt sie, Jenny«). Fischer- und Touristenboote halten respektvoll Abstand von dem maritimen Feuerberg.

231 SCHWIMMENDE SCHWEINE

Exuma. Sobald das Touristenboot in die Bucht von Big Major Cay (Bahamas) einbiegt, raschelt es im Gebüsch und drei oder vier Schweine stürzen sich ins Meer. Eilig paddeln sie herbei und warten auf ihre Ration, etwa eine zerteilte Melone oder ein Brot. Sobald die Futterquelle versiegt, schwimmen sie zurück. Einheimische erzählen, die Wutzen seien Überlebende eines Schiffbruchs – oder sie sind schlicht für Touristikzwecke dressiert.

232 WEISSAGUNG IN WEIß

Elbow Cay. In Hope Town auf Elbow Cay im Abacos-Archipel (Bahamas) gibt es einen Friedhof für die Opfer der Cholera, die in den 1850er-Jahren vermutlich aus New York eingeschleppt worden war. Auch die »White Lady of the Ridge« (»Weiße Frau auf dem Klippenkamm«) soll ein Cholera-Opfer gewesen sein. Seither erscheint ihr Geist, glaubt man einer lokalen Legende, immer an der Küste und blickt aufs Meer hinaus, wenn ein großes Unheil bevorsteht.

233 EIN BAUM, DER STARK MACHT

Bahamas. Der Nationalbaum der Bahamas trägt den lateinischen Namen *Lignum vitae*, »Baum des Lebens«. Er wird so genannt, weil er einst für medizinische Zwecke genutzt wurde (und man dies in geringem Umfang bis heute tut): Ulrich von Hutten will im Jahr 1519 mit einem Extrakt, der aus dem Baum gewonnen wurde, von Syphilis geheilt worden sein. Generell spricht man dem blau blühenden Baum mit dem extrem harten Holz eine stärkende und lustfördernde Wirkung zu.

234 MUTIERTE EULE

Andros. In den Wäldern auf der Insel Andros residiert der mythische »Chickcharnie«, ein vogelartiges Wesen mit drei Zehen und roten Augen. Einheimische behandeln es, wenn sie es denn sehen, gut, weil das gute Zeiten verheißt und weil, wer ihm Böses tut, Böses zurückbekommen wird. Die Legende mag eine reale Basis haben: Einst gab es auf Andros einen Eulenvogel, auf den die Beschreibung (ohne die fantastischen Ausschmückungen, versteht sich) in etwa zutraf.

235 KEIN SCHWEIN MEHR IM PARADIES

Paradise Island. Mit der Bahamas-Hauptstadt Nassau per Brücke verbunden, ist Paradise Island bekannt für seine Hotels, Spielcasinos und Gerüchte über angebliche Mafiakontakte. Einst war die tropische Insel, auf der mehrere *James-Bond*-Szenen gedreht wurden, auch (Zweit-)Wohnsitz der Schönen und Reichen. Bevor es dazu kommen konnte, musste der Name der Insel geändert werden: Er lautete Hog Island, »Schweineinsel«.

236 GELD VOM FELD

Haiti. Die Währung Haitis ist benannt nach einem Flaschenkürbis, dem Gourde. In den 1880er-Jahren erklärte der Herrscher im Inselnorden Kalebassen zum Staatsbesitz und ließ sie einsammeln, um sie als Geldersatz zu nutzen. Später erhielt Haiti zwar Münzen und Banknoten, aber der alte Name blieb haften. Haiti, einst die reichste Kolonie Frankreichs, gehört heute zu den ärmsten Ländern der Welt.

237 WEIHNACHTSZEIT

Cayman Islands. Auf den tropischen Inseln kennt man Schnee nur aus dem Fernsehen – was viele Insulaner vor allem in der Adventszeit störte. Sie sannen daher erfolgreich auf Abhilfe: In mondhellen Nächten versorgten (und versorgen) sich viele Einheimische am Strand mit weißem Sand. Sie streuen ihn um ihre Häuser und feiern nun »Weiße Weihnacht«. In diesen Wochen sorgen die Schneegärten vor den oft üppig geschmückten Häusern für die weihnachtliche Stimmung.

238 SMALLTALK MIT ALIENS

Arecibo. Ein ganzes Tal füllt die größte Teleskopschale der Welt aus, die im Durchmesser knapp 305 Meter misst, eine Fläche von 73 000 Quadratmetern hat und an einer Trägerkonstruktion im Karstgebirge von Puerto Rico hängt. Hier sendet das Arecibo-Observatorium ein Radiosignal aus, das eventuelle außerirdische Kulturen über uns Menschen informiert. James Bond erledigte hier 1995 den Bösewicht aus *GoldenEye*.

239 DIE LEGENDE VOM STEUERPARADIES

Cayman Islands. Die britischen Cayman Islands, heute das fünftgrößte Bankenzentrum der Welt, waren berüchtigt als »Steuerparadies«. Die Legende, die dazu führte: 1794 sollen am Riff von Grand Cayman Island zehn Schiffe zerschellt sein. Die Insulaner konnten fast alle Passagiere retten, darunter einen königlichen Spross. Daraufhin erließ König Georg III. den Caymans alle Steuern. Wie gesagt, eine Legende …

240 TEURE INSELN

Virgin Islands. Die kleinen Virgin Islands (»Jungferninseln«), heute Duty-Free-Shoppingziel für amerikanische Billigkreuzfahrer, waren 1917 der teuerste Landkauf, den die Regierung in Washington je tätigte: Sie bezahlte an Dänemark 26 Millionen US-Dollar für die Inseln, die als Militärposten zum Schutz des Panamakanals genutzt wurden. Zum Vergleich: Für Alaska hatte der russische Zar 1867 nur 7,2 Millionen US-Dollar bekommen.

241 ZUNGENÜBUNGEN FÜR FORTGESCHRITTENE

Dominica. Die Insel Dominica, ein karibischer Staat, wird immer wieder mit der nicht allzu weit entfernten Dominikanischen Republik verwechselt. Deshalb haben Insulaner vorgeschlagen, den vorkolonialen Namen des Eilands wiederzubeleben: Wai'tukubuli. Ein Spötter soll kommentiert haben, das passe gut zum Antillen-Kreolisch, das hier gesprochen wird. In dieser Sprache hört sich etwa *I love Dominica* so an: *Mwen enme Domnik.* Ah ja …

242 DER ZEHN-DOLLAR-MANN

Nevis. Auf Nevis, das mit St. Kitts einen kleinen Staat bildet, erinnert in seinem Geburtshaus ein Museum an Alexander Hamilton. Er ist bislang die einzige nicht in den USA geborene Person, die auf einem US-Geldschein abgebildet wurde, und zwar auf der 10-Dollar-Note. Hamilton war einer der Gründungsväter und erster Finanzminister der USA. Auf die Banknoten von St. Kitts and Nevis hat er es allerdings nicht geschafft.

243 DELIKATESSENZUCHT

Providenciales. *Conch Chowder* ist eine würzige karibische Suppe aus dem Fleisch großer Muscheln, die inzwischen auch den Speiseplan der amerikanischen Ostküste bereichert. Da die Schalen vieler *conch*-Arten begehrte Souvenirs waren, mussten die Meerestiere unter Schutz gestellt werden. Auf den Turks & Caicos Islands wurde deshalb bei Providenciales die erste *conch*-Farm gegründet – sie ist eine Touristenattraktion.

244 EIN ABLEGER GRENADAS

Grenadinen. Die Grenadinen, eines der schönsten Segelreviere der Karibik, verdanken ihren Namen keineswegs dem Granatapfel, dessen zweiter Name vor allem durch den Sirup berühmt wurde, den Barmixer auf der ganzen Welt benutzen, um ihre Cocktails schön rot zu färben. Vielmehr ist die Inselkette, die Teil des Inselstaats St. Vincent and the Grenadines ist, nach dem benachbarten Inselstaat Grenada benannt, dem vermutlich spanische Seeleute aus der Stadt Granada seinen Namen gaben.

245 MÄNNER ÜBER BORD!

Anguilla. *Boat racing*, Regatten mit Fischerbooten, ist auf Anguilla die Sportart der Wahl. »Jedes Boot hat seine Fans, jeder Kapitän seine Strategie und jeder Zieleinlauf seine Wortgefechte«, sagen Anguillaner. Die 100 Jahre alte Tradition kulminiert im August beim »Champion of the Champions«-Rennen. Dabei gehen kurz vor dem Ziel bisweilen Crew-Mitglieder über Bord, um »Ballast abzuwerfen« und so die Boote schneller zu machen für den Endspurt.

246 DAS FEST DER HINKENDEN TEUFEL

Dominikanische Republik. Im Februar ist hier, vor allem an den Wochenenden, buchstäblich der Teufel los. Hauptfiguren sind dann die bunt gewandeten *Diablos Cojuelos*, die hinkenden Teufel, die ungestraft auf jedermann mit Luftballons oder kleinen Sandsäckchen einschlagen dürfen. Ihre teuflischen Masken sollen – *perdón, Españoles!* – an die Gesichtszüge der einstigen spanischen Kolonialherren erinnern.

247 WERTVOLLES UNGEZIEFER

Puerto Plata. In der »DomRep« kann man mit etwas Glück Bernstein finden. Das versteinerte Baumharz ist als Schmuck begehrt, Sammler sind hinter Bernsteinen mit Tiereinschlüssen her. Eines der bekanntesten Stücke findet sich im Amber Museum in Puerto Plata: der Stein mit dem prähistorischen Moskito, der im Hollywood-Film *Jurassic Park* zu sehen war.

248 VOM TANZEN UND KÜSSEN

Dominikanische Republik. *Merengue* ist die Nationalmusik der »DomRep« und vielleicht nach der Süßspeise aus Eiweißschaum benannt, die in Deutschland auch unter der Bezeichnung *Baiser* (aus dem französischen Wort für »Kuss« entstanden) bekannt ist. Letztere würde zumindest inhaltlich auf der Karibik-Insel wohl besser passen, denn der rhythmische und oft sehr körperbetonte Tanz zu nicht immer jugendfreien Texten hat in Kirchenkreisen nach Zensur rufen lassen. Doch vergeblich, der *Merengue* blieb und wurde sogar zum Exporthit.

249 ZEITREISE NACH EUROPA

Altos de Chavón. Das europäische Mittelalter findet man sogar mitten in der Dominikanischen Republik: Das Städtchen Altos de Chavón ist das Gemeinschaftswerk eines Hollywood-Bühnenbildners und eines amerikanisch-österreichischen Industriellen. Das hiesige griechische Amphitheater passt zwar nicht ganz in die Historie, ist aber ein echter Publikumsmagnet. Die Kirche des Ortes wurde zum Besuch von Papst Johannes Paul II. nach dem polnischen Nationalheiligen St. Stanislaus benannt.

250 FÜR UND GEGEN (FAST) ALLES

Dominikanische Republik. *Mamajuana* heilt so ziemlich alles, davon sind die Menschen in der Dominikanischen Republik überzeugt. Das inoffizielle Nationalgetränk ging einst aus der Medizin der indianischen Ureinwohner hervor. Heute wird es meist aus Rotwein, Rum, Honig, Kräutern und zeitweise eingelegten Hölzern gemischt. Damals wie heute soll das Gebräu die virile Potenz erhöhen, zu viel des Guten sorgt aber auch zuverlässig für einen dicken Kopf.

251 DIE KOPFLOSE KAISERIN

Fort-de-France. Die Hauptstadt von Martinique besitzt eine bizarre Touristenattraktion: die geköpfte Statue (1856) der Kaiserin Joséphine Bonaparte. Die 1736 auf Martinique geborene Marie Josèphe Rose de Tascher de la Pagerie war Napoleons Gattin. In ihrer Heimat ist sie bis heute umstritten, weil sie für die Wiedereinführung der Sklaverei war. Ihr Denkmal wurde 1991 enthauptet. Wieder aufbauen will es wohl keiner mehr.

252 ASCHE WEIT UND BREIT

Plymouth. Die offizielle Hauptstadt der zu Großbritannien gehörenden Insel Montserrat ist völlig menschenleer: Sie wurde unter einer dicken Ascheschicht begraben, als 1995 der Vulkan Soufrière ausbrach. Seither sind zwei Drittel der Insel wegen giftiger Gase gesperrt, inklusive Plymouth. Im Norden entsteht in Little Bay aber eine neue Hauptstadt, ein neuer Flughafen ist bereits in Betrieb.

253 LECKER, ZUMINDEST EINMAL

Jamaika. Das Nationalgericht, Akee mit Salzfisch, bedarf kundiger Köche, denn das Fruchtfleisch des Akee-Baumes ist nur im reifen Zustand genießbar. Unreif, aber auch überreif ist es giftig und kann bei Verzehr sogar zum Tod führen. Der Fisch, den man dazu serviert, meist Kabeljau, wird mit etwas Öl und Chili gebraten. Captain William Bligh (*Meuterei auf der Bounty*) hatte einst die erste Akee-Pflanze für die Kew Gardens mit nach London gebracht.

254 OSTERBRÄUCHE

Tobago. Ziegenrennen sind im Inselstaat Trinidad & Tobago fast so populär wie Kricket. Der Dienstag nach Ostern, der »Goat Racing Day«, ist auf Tobago de facto ein Feiertag, in den eigens dafür gebauten Stadien in Buccoo und Mount Pleasant schauen dann Tausende zu, wie die »Jockeys« mit langer Leine neben ihren trainierten Rennziegen herspurten. Die Ziegendamen sind generell schneller, aber die Böcke können dafür länger an den Start gehen.

255 SPITZEN-TIPPS

St. Lucia. Zur Nationaltracht von St. Lucia, die meist nach einer Stoffart *madras* genannt wird, gehört ein um den Kopf gebundener Schal mit Aussagekraft: Ragt eine Spitze aus dem Tuch, ist die Trägerin alleinstehend, zwei zeigen an, dass sie verheiratet ist, drei tragen Witwen. Und inoffiziell signalisieren vier Spitzen: »ganz egal, aber ansprechbar«. St. Lucias offizielles Symbol sind zwei Spitzen, die die Berge der Pitons darstellen.

256 KENNEDYS VORRÄTE

Kuba. Dass die Zigarren, Kubas Topsouvenir, auf den nackten Schenkeln von Kubanerinnen gerollt werden, ist eine Altherrenfantasie. Dass die Tabakstangen aus Havanna & Co. in aller Welt hoch geschätzt werden, bewies aber nicht zuletzt US-Präsident John F. Kennedy. 1962 ließ er 1200 kubanische Zigarren kaufen – und das nur ein paar Stunden, bevor er ein (2015 wieder etwas gelockertes) Embargo gegen Kuba unterzeichnete.

257 WO FREIHEIT SÜNDE IST

Kuba. *Cuba Libre* (»Freies Kuba«), einer der beliebtesten Cocktails der Welt, wurde wohl von amerikanischen Soldaten inspiriert, die im Spanisch-Amerikanischen Krieg 1898 das spanische Kuba besetzten. Da die Kubaner natürlich wissen, dass ihr als kommunistische Diktatur geführtes Land nicht frei ist, nennen sie die Cola-Rum-Mischung *Mentirita* (»kleine Lüge«).

258 JOHN LENNON OHNE BRILLE

Havanna. In den 1960er- und 1970er-Jahren unterlag die Musik der Beatles auf Kuba dem antiimperialistischen Bannfluch. Aber anno 2000 war der nun 74 Jahre alte Herrscher Fidel Castro wohl auf den Geschmack gekommen: Er ließ in Havanna ein Denkmal für John Lennon errichten. Der Brite sitzt in Bronze auf einer Parkbank. Ein Wächter nahebei setzt ihm auf Wunsch für Fotos die runde Brille auf, die oft gestohlen wurde.

259 WIE AUS ZUCKER RUM WIRD

Kuba. Neben Zigarren ist Rum das beliebteste Mitbringsel von der Karibik-Insel. Vor der Castro-Revolution war Kuba der größte Zuckerexporteur der Welt und dementsprechend mangelte es auch nicht an Melasse, dem Grundstoff für die Rumherstellung. Das Zuckerrohr wurde einst von Kolumbus auf seiner zweiten Reise in die Neue Welt aus Spanien mitgebracht, ursprünglich stammt es aber aus Fernost.

260 Fettnäpfchen

Mit der allmählichen Lockerung der amerikanischen Handelsblockade gegen die kubanische Regierung mag sich das Problem lösen, aber noch kann es auf der Insel zu Engpässen bei der Versorgung mit Toilettenpapier kommen. Dagegen (und gegen die bisweilen recht unappetitlichen öffentlichen Toiletten) helfen ein paar Päckchen Papiertaschentücher im Reisegepäck. Das Klopapierthema ist übrigens kein gutes für Gespräche mit den stolzen Kubanern, auch wenn ihnen der Mangel durchaus bewusst ist.

261 TANZPARTNER GEGEN BEZAHLUNG

Buenos Aires. Mag auch Nachbar Uruguay »unverschämterweise« behaupten, der Geburtsort des Tangos zu sein, so wissen doch alle Argentinier: Buenos Aires ist die Welthauptstadt des Tangos. Deshalb gibt es hier auch jeden Abend mindestens 15 *Milongas*, Tangotanzabende. Und mindestens ebenso viele »Taxitänzer«, schrittkundige Partner, die tangofreudige Damen relativ preiswert für einen Abend in der Tanzhalle buchen können.

262 DAS MÄDCHEN, DAS ZWEIMAL STARB

Buenos Aires. Der Cementerio de la Recoletta in Buenos Aires ist nicht nur die letzte Ruhestätte von Poeten und Präsidenten, sondern auch eine Touristenattraktion. Viele Besucher streben zum Grab von Evita Perón. Gruselig ist hingegen das Grab des Mädchens, das zweimal starb: Rufina Cambaceres wurde 1902 irrtümlich lebendig begraben, konnte sich aber befreien. Doch auf dem Weg zum Friedhofstor erlag sie einem Herzschlag.

263 DER LANGE WEG NACH USHUAIA

Ushuaia. Die Stadt ist nicht nur das »Tor zur Antarktis« (die meisten Kreuzfahrten starten dort), sondern auch, da auf der Insel Feuerland gelegen, die südlichste Stadt der Welt. Mit dem Rest Argentiniens ist Ushuaia allerdings nicht verbunden. Wer mit dem Auto unterwegs ist, muss via Chile fahren, wo beide Länder im Grenzkonflikt mit Waffen drohten. Erst Papst Johannes Paul II. konnte die Situation 1978 entschärfen.

264 KLEINSTADT IM SALZMANTEL

Villa Epecuén. Eine bizarre Attraktion stellt Villa Epecuén in der Provinz Buenos Aires dar. Die Kleinstadt an einem stark salzhaltigen See lebte gut vom Gesundheitstourismus, bis 1985 der Damm des Sees barst und Villa Epecuén sich 10 Meter unter Wasser wiederfand. Seit 2010 geht das Wasser wieder zurück und der Ort wirkt nun wie ein salzverkrustetes modernes Pompeji. Jetzt kommen wieder Besucher, um die Ruinen zu sehen.

In den 1960er- und 1970er-Jahren standen sie auf dem Index – 30 Jahre später outete sich Fidel Castro selbst als Beatles-Fan und ließ diese John-Lennon-Statue in Havanna errichten (Nr. 258).

265 Fettnäpfchen

Argentinier beiderlei Geschlechts legen – vor allem in Buenos Aires – viel Wert auf Eleganz. Wer nicht negativ auffallen möchte, sollte auf Körperpflege und Kleidung achten. Man trägt jenseits der Backpacker-Szene abends nicht mehr das Hemd oder die Bluse des Tages. Und auch an den Stränden sind gammelige Badehosen ein Objekt des durchaus nicht immer heimlichen Spotts. Für Damen gilt hinsichtlich der Kleidung nicht nur am Strand die dezent-erotische Devise: wenig zeigen und dabei viel andeuten.

266 LEGALES KOKSEN

La Paz. Die Stadt in Bolivien ist mit 3200 bis 4100 Metern Höhe die höchstgelegene Hauptstadt der Welt. Als Mittel gegen Höhenkrankheit kauen viele Einheimische die Blätter des Koka-Strauches, die eine geringe (und legale) Dosis Kokain enthalten. Coca-Cola verarbeitete einst Tonnen der Blätter. Ganz ohne Koka, dafür aber speziell ausgebildet steuern Piloten La Paz an, den höchsten internationalen Flughafen der Welt.

267 BABYZIEGEN FÜR DEN HAUSSEGEN

La Paz. Auf dem *Mercado de Brujas*, dem »Hexenmarkt«, gibt es fast alles, was für das okkulte Gewerbe der Aymara-Ureinwohner gebraucht wird: Amulette, rätselhafte Tinkturen, Kräuter besonderer Art, Zaubergerätschaften … Ein Bestseller sollen Ziegenföten sein, die angeblich Glück bringen, wenn man sie in die Fundamente eines neuen Hauses einbaut.

268 PER VELO AUF DER TODESSTRAßE

La Paz/Coroico. Die »Todesstraße«, wohl die gefährlichste Straße der Welt, führt über 65 Kilometer von La Paz durch die Yungas-Berge nach Coroico. Auf der abenteuerlich in die Hänge geschnittenen Piste, auf der für mehr Sicherheit und anders als im übrigen Land Linksverkehr herrscht, starben jährlich 200 bis 300 Menschen. Seit 2007 gibt es eine Strecke, die sicherer ist. Auf der alten Route fahren heute nur noch Fahrradtouristen.

Auf dem *Mercado de Brujas* in La Paz gibt es alles, was eine gute Hexe braucht, sogar Ziegenföten (Nr. 267).

269 MATROSEN OHNE MEER

Bolivien. Wozu braucht ein Land ohne Zugang zum Meer Marineoffiziere und -matrosen? Bolivien braucht sie gleich für zwei Dinge: Die »Naval Force« überwacht zum einen die Flüsse wegen Drogenschmugglern, genau wie die Grenze zu Peru, die im Titicacasee in den Anden verläuft. Zum anderen soll die Marine quasi ein lebendes Mahnmal sein, dass Bolivien seinen Zugang zum Pazifik zurückfordert – 400 Kilometer Küste, die es im Jahr 1883 im Krieg gegen Chile verlor.

270 AUF SALZ GEBETTET

Salar de Uyuni. Die größte Salzwüste der Welt, 3653 Meter hoch gelegen, entwickelt sich rapide zu einer internationalen Touristenattraktion. Fahrten über einen Teil der 10 582 Quadratkilometer großen Salzpfanne führen oft zur Insel Incahuasi mit ihren meterhohen Säulenkakteen und zu einem »Eisenbahnfriedhof«. Die Touristen übernachten gerne in einem der Hotels, die ganz aus Salz errichtet wurden.

271 DIE PERFEKTE (FLUSS-)WELLE

Amazonas. *Pororoca* bedeutet »die Brüllende«, und die größte Fluss-Flutwelle der Welt trägt diesen Namen zurecht. Meist nur zweimal im Jahr, nämlich im Februar und im März, drückt sich der Atlantik so stark in den Amazonas und seine Nebenflüsse, dass bis zu 4 Meter hohe Wellen 120 Kilometer weit ins Land rollen – für Surfer ein großartiges, aber auch nicht ganz ungefährliches Erlebnis! Der Rekord auf dem Brett liegt bei 37 Minuten und 12,5 zurückgelegten Kilometern.

272 DER LÄNGSTE STRAND DER WELT

Rio Grande/Chuí. Die beste Wahl für lange Strandspaziergänge – und zwar *richtig* lange – ist der Praia do Cassino in Brasilien: Der längste Strand der Welt misst 254 Kilometer und reicht von der Mündung des Rio Grande bis zur Mündung des Chuí an der Grenze zum südlichen Nachbarn Uruguay. Der ununterbrochene Sandstreifen ist rund 100 Kilometer länger als die Nummer zwei, der Ninety Miles Beach im australischen Victoria.

273 KILLER IN ÖL

Piranha. Piranhas in Piranha? Gibt es wirklich! Im Restaurant »Badauê« etwa werden die räuberischen Fische in Öl und nur mit etwas Salz zubereitet. Die hübsche Kolonialstadt, deren Bürger jedes Jahr Farbe zum Anstrich ihrer Häuser erhalten, trägt ihren seltsamen Namen gelassen – obwohl *piranha* auch »Prostituierte« bedeuten kann.

274 AUF DEN RÄNGEN, ABER IN FEIERLAUNE

Blumenau. Global ist das Oktoberfest in Blumenau mit 600 000 Besuchern zwar nur die Nummer fünf (hinter München mit 6 Millionen, dem chinesischen Qingdao mit 3 Millionen, Hannover mit 1 Million und Kitchener in Kanada mit 700 000). Aber immerhin richtet die 1850 vom deutschen Apotheker Hermann Blumenau gegründete Stadt mit ihrer seit 1984 stattfindenden Bier- und Sambasause das zweitgrößte Volksfest in Brasilien aus – nach dem Karneval in Rio de Janeiro.

275 Fettnäpfchen

»Girls from Ipanema« – oder auch von anderen Stränden Brasiliens – tragen wohl die knappsten Bikinis der Welt, aber »oben ohne« oder ganz ohne ist verpönt und führt zum Kontakt mit der Polizei, was teuer wird. Immerhin: Rio hat am Praia do Abrico seit 2014 einen offiziellen FKK-Strand. Schneller war Balneario Camburiu, eine Bade-Großstadt: Ihr Praia do Phino ist seit 1987 textilfrei – Männer ohne weibliche Begleitung haben aber keinen Zutritt.

276 EIN INFINITY POOL IM WORTSINN

Algarrobo. Segeln im Pool? Kein Problem in der chilenischen Ferienanlage »San Alfonso del Mar«: Der Pool ist mehr als einen Kilometer lang und nimmt 7,7 Hektar Fläche direkt am Pazifik ein. Das bislang größte Schwimmbad der Welt – garantiert haifrei – bekommt derzeit jedoch Konkurrenz: In Ägypten ist ein größeres Becken im Bau.

In der größten Salzwüste der Welt finden Eisenbahnen ihre letzte Ruhe (Nr. 270).

MACK
TEO

277 ZIEMLICH WEIT BIS ZUM RATHAUS

Valparaíso. Valparaíso, Sitz des Parlaments und »Chiles kulturelle Hauptstadt«, besitzt mit seiner Altstadt ein UNESCO-Welterbe – und könnte zudem mit dem Titel des »ausgedehntesten Stadtgebiets der Welt« werben: Die zugehörigen Desventuradas-Inseln liegen 1100 Kilometer vor der Küste! Die Felsen sind aber bis auf eine kleine Armee-Einheit unbewohnt.

278 KÜSSE FÜR DEN GROẞFÜẞLER

Punta Arenas. Chiles südlichste Stadt und der Startpunkt für Fahrten zum Kap Hoorn liegt an der Magellanstraße, die 1520 von Fernão de Magalhães entdeckt wurde. Letzterem ist das zentrale Denkmal der Stadt gewidmet, zu dessen Füßen ein bronzener Indio sitzt. Wer dem Patagonier (wörtlich »Großfüßler«) über die große Zehe streicht, soll Glück haben, wer den Zeh sogar küsst, wird gewiss nach Punta Arenas zurückkehren.

279 DER URSPRUNG DES *TAPATI*-FESTES

Osterinsel. Auf Bananenstämmen in einen erloschenen Vulkankrater hinunterzurasen, ist nicht ungefährlich. Aber dieser Höhepunkt des *Tapati*-Festes (Mitte Januar/Februar) auf der Osterinsel steht in der Tradition eines noch viel gefährlicheren Sports: Einst maßen sich die Insulaner darin, Vogeleier von einem Felsen im Meer zu holen. Viele wurden dabei Opfer der Haie. Heute sind die Herausforderungen andere, doch noch immer wird der Sieger zum ungekrönten König der Insel.

280 Fettnäpfchen

In Chile gilt es als recht unpassend, bei einem privaten Besuch dunkelrote Blumen mitzubringen, denn sie gelten als Symbol des Todes. Auch gelbe Rosen sind keine gute Wahl, denn sie werden als Zeichen der Verachtung gewertet. Und ein besonderer Tipp für Schweizer, die gerne ihre berühmten roten Taschenmesser als Gastgeschenke nutzen: In Chile werden Schneidewerkzeuge aller Art als Signale der Trennung gewertet.

281 DIE STERNE ZUM GREIFEN NAH

Anden. Kein Land ist dem Universum so nahe wie Ecuador – und das, obwohl der 8845 Meter hohe Mount Everest in Asien liegt und der ecuadorianische Mount Chimborazo mit 6268 Metern deutlich niedriger ist. Des Rätsels Lösung: Ecuador liegt auf dem Äquator und weil sich die Welt an ihrer Taille um weit mehr als 20 Kilometer »ausbuchtet«, ist der Chimborazo-Gipfel Sonne, Mond und Sternen deutlich näher als die Himalaja-Konkurrenz.

282 MILITÄRSTÜTZPUNKT OHNE MILITÄR

Twinza. Ecuador hat immer wieder Grenzkriege mit Peru erlebt, die erst 1999 mit einem »Protokoll« beendet werden konnten. Dabei wurde eine etwa 1 Quadratkilometer große Fläche in Peru, der frühere ecuadorianische Militärstützpunkt Twinza, Ecuador zugesprochen – allerdings ohne militärische Nutzung und ohne Hoheitsrechte. Aus diesem Gebirgsareal soll in Zukunft ein gemeinsam verwalteter Nationalpark werden.

283 KEIN ZENTRUM FÜR SUPERALTE

Vilcabamba. 110, 120, sogar 130 Jahre alt werden die Menschen in Vilcabamba, genannt das »Tal der Langlebigen«. Man schien hier fast das ewige Leben entdeckt zu haben. Das Tal wurde zum regionalen Touristenziel und Esoteriker orteten dort das »Herz der Erde«. Alles nur geflunkert, fanden Wissenschaftler heraus, Vilcabamba hat eine »normale Sterblichkeit«. Die Touristen kommen weiterhin – man weiß ja nie!

284 VAMPIRE AUF GALÁPAGOS

Galápagos-Inseln. Nur auf zwei winzigen unbewohnten Galápagos-Inseln, von denen eine nach Charles Darwin benannt ist und die andere nach dem deutschen Theologen und Geologen Theodor Wolf, lebt eine ungewöhnliche Vogelart: der Vampirfink. Er verdankt seinen Namen der Tatsache, dass er sich vornehmlich vom Blut anderer Vögel ernährt. Insbesondere den viel größeren Blaufußtölpeln pickt er die Haut auf, um an ihr Blut zu gelangen.

285 Fettnäpfchen

Zu einem privaten Essen in Ecuador eingeladen? Dann macht man sich beliebt, wenn man, sofern kein Personal vorhanden ist, seine Hilfe beim Tischdecken anbietet. Dasselbe gilt für das Abtragen des – selbstverständlich hochgelobten – Mahles. Zuvor sollte man aber seinen Teller leer gegessen haben, denn Reste werden als Kritik verstanden. Freude bereitet man den Gastgebern auch, wenn man sich an den meist regen Tischgesprächen beteiligt, Sport und die Galápagos-Inseln sind dabei gute Themen.

286 RIESIGE KINDER-»BOOTE«

Guayana. Das Land wurde nur einmal weltbekannt: 1978 mit dem Massenselbstmord einer US-amerikanischen Sekte, der 909 Tote mit sich brachte. Dabei ist der kleine Staat im Nordosten Südamerikas ein freundliches Land. Das symbolisiert schon seine Nationalblume, auf deren Blättern gefahrlos ein Kind sitzen kann: Die runden Blätter der Wasserlilie *Victoria amazonica* erreichen bis zu 3 Meter Durchmesser.

287 BALANCEAKT ALS NATIONALSPORT

Paraguay. Das Land hat zwei Nationaltänze: die Polka, die wohl mit den vielen deutschsprachigen Mennoniten ins Land kam, und den ureigenen Flaschentanz, bei dem junge Frauen mindestens eine, oft mit Bändern in den Nationalfarben verzierte Flasche auf dem Kopf balancieren. Geübte Tänzerinnen verbinden dies noch mit artistischen Bodenübungen.

288 NIEDERLÄNDISCH MIT LOKALEN TÜCKEN

Suriname. Suriname ist das einzige Land Südamerikas, in dem seit kolonialen Tagen offiziell Niederländisch gesprochen wird. Bisweilen ist die Sprache aber mit einer Art lokalem Slang durchsetzt. So ist *War kan ik pinnen?* nur die Frage nach einem Geldautomaten. Wichtig ist auch das Wort *bombel*, »Feuerwerk«, denn glaubt man den Surinamern, halten sie den Feuerwerksweltrekord pro Kopf (ca. 540 000 Einwohner).

289 WELTERFOLG IN ROT-WEIß

Kolumbien. Irgendwo in Kolumbien kam irgendwann irgendwer auf die naheliegende Idee, Tomatenketchup und Mayonnaise zu mischen und vielleicht noch etwas Limonensaft und ein paar Spritzer Tabasco hinzuzugeben. So entstand die *Salsa Rosada*, die erst in Kolumbien und seinen Nachbarländern zum Küchenstandard avancierte und seither in der ganzen Welt Freunde findet. In Deutschland firmiert sie als »Cocktailsoße«.

290 JAHRESWECHSEL

Kolumbien. Reisen sind in vielen Ländern Vorsätze fürs neue Jahr, besonders in Kolumbien, wo die Einwohner einmal mit einem leeren Koffer ums Haus rennen. Es gibt auch noch andere Bräuche: Wer zum Jahresbeginn Linsen isst, wird nicht hungern. Die von Spaniern importierte Sitte der roten Unterwäsche kennt hier eine lokale Variante: Gelbe Unterwäsche soll für Wohlstand sorgen. Um ganz sicher zu gehen, können Kolumbianer überdies beim Jahreswechsel Geld in der Hand halten.

291 EXTRA DRY

Lima. »It never rains in Southern California« – eine Schlagerbehauptung, die, wie viele Touristen belegen können, nicht stimmt. Aber für Perus Hauptstadt Lima, die nach São Paulo und Mexiko-Stadt drittgrößte Stadt des Kontinents, kann man das fast unterschreiben. Dank der Kombination von heißem Wüstenklima und kaltem Pazifikstrom tröpfelt es nur in den Wintermonaten (Juli bis September) ein wenig, wenngleich der Himmel wochenlang bleigrau ist.

292 DIE HÖCHSTE DÜNE DER WELT

Nazca. Inmitten der Berge der Anden türmt sich bei Nazca, das durch seine rätselhaften Bodenlinien berühmt geworden ist, die höchste Düne der Welt auf. Der 1167 Meter hohe Sandberg ist ideal für bis zu 600 Meter lange Abfahrten auf eigens gefertigten »Sandboards«. Vor dem Vergnügen muss allerdings ein kräftezehrender 3-stündiger Aufstieg bewältigt werden, denn vom Meer aus gemessen streckt sich das Sandungetüm sogar 2078 Meter gen Himmel.

293 SCHWER ERREICHBARE ABGRÜNDE

Anden. Der tiefste Canyon der Welt ist der 3354 Meter tiefe Cotuhuasi in den Anden nun nicht, auch wenn das patriotische Peruaner gern behaupten. Immerhin aber ist er der tiefste Einschnitt in Amerika; der populäre Grand Canyon in Arizona kommt nur auf ca. 1800 Meter. Um zum Cotuhuasi zu gelangen, muss man allerdings eine 10- bis 12-stündige Busfahrt auf meist ungepflasterten Straßen ertragen.

294 RITEN ZUM JAHRESWECHSEL

Peru. Silvester in Peru, das ist eine Orgie in Gelb, vor allem in neuen gelben Unterhosen. Sie müssen vor Mitternacht angezogen werden (auch über der Kleidung) und sind in den Tagen vorher als Glücksbringer unter Freunden ein beliebtes Geschenk. Wer Schlag zwölf mit leerem Koffer umherläuft, hofft, wie in Kolumbien, auf eine Reise im nächsten Jahr, und wem pekuniäres Glück wichtig ist, der zählt in der Nacht seine *Nuevo Sol*, sein Geld.

295 Fettnäpfchen

Wenn Sie als Mann in Peru ein anderer Mann unterhakt, haben Sie einen Freund gewonnen, denn das ist üblich unter guten Bekannten (und unter Frauen ohnehin). Sollte hingegen ein völlig Fremder derart mit Ihnen Kontakt aufnehmen, ist Vorsicht geboten: Er hat Sie als *gringo* erkannt und es wohl auf Ihr Geld abgesehen. Ein ganz anderes Fettnäpfchen: Perus indianische Ureinwohner »Indios« zu nennen, gilt allgemein als grob unhöflich.

296 ORIENTALISCHE NAMENSKUNDE

Uruguay. Uruguay heißt offiziell »Oriental Republic of Uruguay«, deshalb nennen sich die Bürger poetisch auch Orientalen. Der Name bezieht sich auf die Lage des kleinen Landes im Osten Südamerikas, das etwa 3,4 Millionen Einwohner, aber jeweils dreimal so viele Rinder und Schafe hat. Der Name der Hauptstadt Montevideo gilt wohl ihrem 132 Meter hohen Hügel (lat. *monte*, »Berg«), den Magellan 1520 in seinem Logbuch erwähnte.

297 DIE LÄNGSTE NATIONALHYMNE DER WELT

Uruguay. *Orientales, la patria o la tumba!* – »Uruguayer, die Heimat oder das Grab!« So lautet die erste Zeile der mit 14 Versen längsten Nationalhymne der Welt. Meist wird nur der erste Vers plus Refrain gesungen. Als aber der Sänger bei einem WM-Qualifikationsspiel in Costa Rica die gesamte Hymne schmetterte (entgegen der FIFA-Vorgabe von 90 Sekunden für den Auftritt), wollte der Schiedsrichter unterbrechen – worauf das Team aus Uruguay drohte, ihm »den Kopf abzureißen«.

298 URUGUAYISCHE VÖLLEREI

Uruguay. *Chivito*, das Nationalgericht der Uruguayer, ist nicht gerade eine Diätspeise: Zwischen zwei Scheiben Brot werden eine Scheibe Rinderfilet, eine Scheibe Mortadella, ein Spiegelei (alternativ ein in Scheiben geschnittenes hartes Ei), mindestens ein Streifen Schinkenspeck, Tomate, Oliven und bisweilen auch noch Gurken geschichtet. Das Ganze wird dann mit Mayonnaise angereichert und mit einer Portion Pommes frites serviert.

299 DUELLIEREN (MITTLERWEILE) VERBOTEN

Uruguay. Das Land, heute eines der sichersten und friedfertigsten in ganz Südamerika, war im vergangenen Jahrhundert berüchtigt für die Duellierfreude seiner Männer. Um das Ehrenhändel-Geballere besser kontrollieren zu können, machte die Regierung 1920 mittels eines Gesetzes die Duelle legal. Dieses Gesetz blieb bis in unsere Tage in Kraft, erst 1992 wurden Duelle wieder verboten. Zuvor waren sie aber auch weitgehend außer Mode gekommen.

300 KICK IT LIKE BECKHAM

Uruguay. Als »Duell« gilt den Uruguayern jedes Fußballspiel gegen England, den Briten geht es nicht anders. Britische Bahnarbeiter lehrten einst die Uruguayer, richtig gegen den Ball zu treten; mit so viel Erfolg, dass dem »Mutterland des Fußballs« daraus ein gefürchteter Rivale erwuchs. 1930 richtete Uruguay die erste FIFA-Fußballweltmeisterschaft aus und siegte im Endspiel – gegen Argentinien. England war nicht angetreten.

Schwimmend lesen?
Der Klassiker im Toten
Meer (Nr. 309).

NAHOST

301 RELIGION AM FAHNENMAST

Iran. Irans Flagge trägt mehr Schriftzeichen als jede andere Nationalflagge, aber das ist für ungeschulte Augen kaum erkennbar. Interessant zu wissen: Die Grafik auf dem mittleren weißen Querstreifen symbolisiert eine Tulpe, die insgesamt das Wort *Allah* (»Gott«) bildet. Der obere grüne und der untere rote Balken sind am Mittelbalken mit einem Schriftzug gesäumt, jeder trägt elfmal den Satz *Allahu Akbar* (»Gott ist der Größte«).

302 VORSICHT VOR KROKODILEN!

Iran. In der Provinz Sistan und Beluchistan trifft man gelegentlich auf Krokodile, die zu den auf dem indischen Subkontinent verbreiteten Sumpfkrokodilen gehören. Sie können bis zu 4 Meter lang werden und jagen nachts auch an Land. Ihr Bestand war nach langer Dürre in den 1990ern gefährdet, ausgerechnet schwere Stürme haben ihren Lebensraum jedoch gerettet, da trockene Gewässer wieder geflutet wurden. Also: Augen auf!

303 TREND ZUR ZWEITEHE

Iran. Ein paar Stunden Ehe? Das ist kein Problem, ausgerechnet im Iran. Das *Sighe*-Verfahren (»Zweitehe«) erlaubt es Muslimen, Ehekontrakte über festgelegte Zeiten zu schließen. Kritiker sehen darin eine Form der (verbotenen) Prostitution, Befürworter stellen jedoch dagegen, es gäbe unehelichen Kindern Rechte und geschiedene Frauen hätten dadurch bessere Chancen auf eine neue Ehe als entjungferte Unverheiratete. Im Internet gibt es dazu eine *Sighe*-Beratung. Der Iran: moderner als gedacht!

304 FEHLER IM TEPPICH

Teheran. Der Iran gilt immer noch als das Land der besten Teppichknüpfer, auch wenn »echte Perser« bei uns nicht mehr so gefragt sind wie ehedem bei unseren Großeltern. Das iranische Teppichmuseum in Teheran belegt diese hohe Kunst, dort gibt es neben Kursen zum Teppichweben und -entwerfen auch eine Reparaturwerkstatt. Gläubige Weberinnen haben früher übrigens kaum wahrnehmbare Fehler eingewebt – weil nur Allah perfekt sein kann.

305 Fettnäpfchen

Im »Gottesstaat« Iran sind neben dem in vielen muslimischen Ländern geltenden Alkoholverbot vor allem Bekleidungsvorschriften zu beachten: Starke Farben sind weder bei Frauen noch bei Männern empfehlenswert, kurze Männerhosen sind tabu. Frauen sollten schon bei der Einreise beachten, dass außer Händen und Gesicht keine Haut sichtbar ist. Ein Kopftuch muss das Haar verhüllen, auch wenn junge Frauen vor allem in Teheran gerne etwas mehr als den Haaransatz zeigen oder gar leicht transparente Tücher tragen.

306 EIN ZOO OHNE SCHWEINE

Jerusalem. »Das ist kein Schwein«, steht am Gehege des Pekari im Biblischen Zoo in Jerusalem – denn Schweine gelten Juden wie Moslems als unrein. In der Bibel ist vom Pekari zwar nicht die Rede, aber das gilt auch für andere Tiere in diesem Zoo – alle sind schließlich Beispiele göttlicher Schöpfung. Von 130 Arten, die im Buch der Bücher erwähnt werden, finden sich, sofern nicht ausgestorben, viele in diesem Zoo.

307 GRATIS LESESTOFF AM STRAND

Tel Aviv. Die Stadt ist u. a. bekannt für seine Strände. Doch Sonnen kann rasch langweilig werden, wenn die Strandlektüre im Hotelzimmer liegt. Kein Problem, denn das Wirtschaftszentrum Israels hat mobile Strandbibliotheken, in denen sich jeder gratis bedienen kann. Es gibt Bücher auf Hebräisch, Arabisch, Russisch, Französisch, Englisch und für Kinder.

308 IM URLAUB HEIßT ES »ANTRETEN!«

Israel. Wer mag, kann sich für einige Tage bei den israelischen Streitkräften zum Dienst anmelden. Die Freiwilligen tragen Arbeitsuniformen der Armee, aber keine Waffen. Sie erhalten Unterkunft und Verpflegung, jedoch keinen Sold. Es gibt aber ein Kulturprogramm. Die Idee entstand im Libanonkrieg 1982, damals Ernst, heute eine ungewöhnliche Urlaubsidee.

309 DAS SALZ DER ERDE

Totes Meer. Im Toten Meer kann man Hautprobleme kurieren und – ein typisches Urlauberfoto – schwimmend Zeitung lesen. Der Salzgehalt des Wassers ist so groß, dass man nicht untergeht. Kein Wunder, hat dieses Gewässer doch etwa 28 Prozent Salzgehalt. Es gibt ein paar Seen, die mehr Salz in sich tragen, vorneweg mit 39 Prozent der Lac Retba im Senegal, einst das Ziel der »Rallye Dakar«.

310 Fettnäpfchen

Für Juden gilt eine strikte und im Detail oft komplizierte Sabbatruhe, die Ausländern oft Probleme bereitet. So ist zu beachten, dass die Sabbatregeln schon ab Freitagabend gelten und nicht nur samstags. Im Hotel sollte man ein Zimmer im Erdgeschoss oder ersten Stock erbitten, denn Aufzüge sind oft abgeschalten; Hochhaushotels haben oft Sabbataufzüge, die nicht bedient werden müssen, weil sie in jeder Etage halten. In vielen Hotels kann man während der Sabbatzeiten auch nicht ein- oder auschecken.

311 DER BESTE BLICK AUFS »GELOBTE LAND«

Abărim-Gebirge. Für gläubige Juden liegt auf dem Berg Nebo die Begräbnisstätte von Moses. Für ihn, der die Juden aus ägyptischer Gefangenschaft geführt hatte, erfüllte sich auf dem Gipfel eine Weissagung: Gott hatte ihm gesagt, dass er zwar das »gelobte Land« sehen, aber nicht erreichen werde. Der 808 Meter hohe Berg erlaubt in der Tat einen weiten Blick hinein nach Israel. Bereits 393 n. Chr. wurde dort eine Kirche errichtet.

312 KLARES WASSER? NEIN, DANKE!

Jordan. Ein besonderes Pilgerziel ist die Stelle im Jordantal, an der Christus getauft wurde. Weil aber der Fluss wegen vieler Wasserentnahmen oft nur noch ein Rinnsal ist, hat Jordanien in der Nähe Taufmöglichkeiten mit klarem Wasser eingerichtet, die aber von Pilgern oft verschmäht werden. Sie wollen das »Original« und steigen lieber in den braunen Bach.

313 »PHILLY« LIEGT IN NAHOST

Amman. Touristen aus den USA sind bei Führungen in der jordanischen Hauptstadt oft überrascht, wie häufig von Philadelphia die Rede ist, ihrer fünftgrößten Stadt und ehemaligen Hauptstadt (1790–1800). Gibt es eine Städtepartnerschaft? Nein, der Name ist historisch: Unter ptolemäischer Herrschaft benannte König Ptolemaios II. Philadelphos, die Stadt auf sieben Hügeln, nach sich, ein Name, der nahezu 900 Jahre galt.

314 SCHATZ IN DER GRABKAMMER

Petra. Jordaniens touristischer Höhepunkt ist Petra (»Felsen«), dessen Bauten direkt aus dem roten Gestein geschlagen wurden. Petra ist durch eine enge Schlucht (jordanisch: *siq*) zu erreichen, was die Wirkung der Gebäude noch verstärkt. Die bekannteste Fassade gehört zum falsch benannten »Schatzhaus des Pharao«, das einst ein Grabtempel war. Der Legende zufolge hat Moses hier eine Quelle aus dem Fels sprudeln lassen.

Fast wie zu Christi Zeiten: Taufzeremonie im Jordan (Nr. 312).

315 PETRA UND DIE »QUEEN OF CRIME«

Petra. Ein treuer Fan von Petra war fraglos Agatha Christie. Sie war mit ihrem Mann, einem bekannten Archäologen, oft im Nahen Osten unterwegs und von Petra so angetan, dass sie es zum Schauplatz ihres 23. Krimis machte. Darin wird eine sadistische Frau ermordet und Hercule Poirot löst den Fall in Rekordzeit. *Der Tod wartet* wurde u. a. mit Peter Ustinov in der Rolle des »Poirot« verfilmt.

316 *HARRY POTTER* STRENG VERBOTEN!

Saudi-Arabien. Wer nach Saudi-Arabien reist und Freunde mit Kindern besucht, sollte auf *Harry Potter*-Bücher und -DVDs möglichst verzichten. Der britische Zauberlehrling steht im Königreich nämlich auf dem Index, wie alles, was nur entfernt mit »Hexerei« zu tun hat. Bekanntlich ist auch Alkohol verboten, was *Sidiqui* geschaffen hat, den schwarz gebrannten »kleinen Freund«. Übrigens: Das Wort Alkohol stammt ursprünglich aus dem Arabischen.

317 STRAPSE NUR AUS DAMENHAND

Saudi-Arabien. Reizwäsche hat das Land, in dem Frauen wenig Rechte haben, in eine pikante Zwickmühle gebracht: Zum einen dürfen Frauen nur im Haushalt arbeiten, zum anderen passt es nicht zur orthodoxen Moral, dass Verkäufer, also fremde Männer, Frauen Unterwäsche vorlegen. Das saudische Königshaus hat auf Drängen der Frauen schließlich entschieden: In Dessousläden dürfen Frauen arbeiten – und nur sie. Was Strenggläubige protestieren lässt.

318 DAS HÖCHSTE HAUS DER WELT

Dschidda. In Dschidda lässt das saudische Königshaus über eine seiner Firmen derzeit den *Kingdom Tower* errichten, der mit 1007 Metern das höchste Bauwerk der Welt wird. Der Turm wird Büros, Wohnungen und ein Hotel enthalten, auf 502 Metern entsteht die höchste Aussichtsplattform der Welt. Anfangs sollte der Bau 1 Meile (1600 Meter) hoch werden, aber 1 Kilometer, sagen Ingenieure, ist das derzeit Mögliche.

319 SURFEN AUF DEM AUTO

Saudi-Arabien. Geld ist für viele saudische Jungmänner kein Problem, aber es mangelt an Möglichkeiten, dieses unterhaltsam auszugeben. Das mag der Grund für die Erfindung eines neuen »Sports« gewesen sein: *Sidewalk skiing*. Dabei wird ein Auto nur auf zwei Rädern einer Seite und in Balance gefahren, dann klettert mindestens ein Insasse aus dem Fenster und »surft« auf dem Wagen – er wechselt in voller Fahrt die Reifen.

320 Fettnäpfchen

Das muslimisch-fundamentalistische Saudi-Arabien ist bis heute kein geeignetes Reiseland für Touristinnen, auch Geschäftsreisende haben oft Schwierigkeiten. Einheimische Frauen führen in der Öffentlichkeit ein reglementiertes Leben, ähnliches wird auch von Ausländerinnen erwartet. So müssen Frauen Kopftuch tragen, verhüllende Kleidung wird empfohlen.

321 SPONSORED BY KHALIFA

Dubai. Das höchste Gebäude der Welt ist mit 828 Metern Höhe das *Burj Khalifa* in Dubai. Zum Ruhme des Emirates sollte der 2010 eröffnete Turm zunächst *Burj Dubai* heißen. Als aber in der Weltfinanzkrise auch das scheinbar unendlich reiche Dubai in monetäre Turbulenzen geriet, sprang Scheich Khalifa vom Nachbaremirat Abu Dhabi mit einem Milliardenkredit ein. Seither heißt das Gebäude *Burj Khalifa*, zu Ehren des reichen Spenders.

Was Pisa kann, kann Abu Dhabi schon lange (Nr. 322)!

322 SCHIEFER ALS DER SCHIEFE TURM

Abu Dhabi. Vergesst Pisa. Der schiefste Turm der Welt steht schon lange nicht mehr in Italien. Es gibt einige andere Türme, die schiefer sind, darunter ist auch ein Kirchturm in Deutschland. Der Weltrekordhalter steht, pardon, neigt sich bis auf Weiteres in Abu Dhabi, der Hauptstadt der Emirate. Das Hochhaus *Capital Gate* (160 Meter) hat eine – absichtliche – Neigung von 18 Grad, der obere Teil ist ein Luxushotel.

323 10 MILLIONEN FÜR DIE NUMMER 1

Abu Dhabi. In Abu Dhabi lohnt es sich nicht nur, die zahlreichen Luxusautos auf den Straßen zu betrachten, auch ein Blick auf die Kennzeichen kann spannend sein. In einigen Fällen ist es nämlich teurer als die zugehörige Edelkarosse, weil das Emirat besondere Nummern für wohltätige Zwecke auktioniert. Rekordhalter ist die Nummer 1, die ein Kaufmann 2008 für 52,2 Millionen Dirham, nahezu 10 Millionen Euro, ersteigert hat.

324 DIE »GRÜNSTE« STADT DER WELT

Abu Dhabi. Ausgerechnet das Öl-Emirat Abu Dhabi baut die erste Stadt der Welt, die ausschließlich mit nachwachsender Energie betrieben wird: Die weitgehend autofreie Masdar City soll 2025 rund 48 000 Bewohner und 1500 Firmen beherbergen, die beispielsweise ihr Trinkwasser aus solarbetriebenen Meerwasser Entsalzungsanlagen erhalten. Der angrenzende Internationale Flughafen liegt selbstverständlich außerhalb der rein »grünen« Stadt.

325 KUNST UND KUNST GESELLT SICH GERN

Abu Dhabi. An einem Tag den Louvre und das Guggenheim-Museum besuchen? Zu Zeiten des Überschallfliegers »Concorde«, der zwischen Paris und New York pendelte, war das zumindest theoretisch möglich. Bald kehrt diese Zeit vielleicht zurück und zwar in Abu Dhabi. Dort hat der Louvre bereits eine Filiale eröffnet, bei der des Guggenheim herrscht allerdings seit 2011 Baustopp. Für Guggenheim errichtete Frank Gehry einen ähnlich spektakulären Bau wie in Bilbao.

Der Goldene Fels auf dem Kyaikto-Berg in Myanmar ist mit Blattgold belegt und wird – so die Legende – nur von einem Haar Buddhas daran gehindert, abzustürzen (Nr. 397).

ASIEN

326 WETTKAMPF MIT TOTER ZIEGE

Afghanistan. Das Land sähe seinen Nationalsport *Buzkashi* zwar gerne olympisch, aber mit einer toten Ziege als »Sportgerät« sind die Chancen, im Reich der Ringe zu reüssieren, eher gering. Zumal der Sport als gefährlich gilt. Die eine Seite muss den Kadaver hoch zu Ross in einen Kreidekreis im Feld des Gegners transportieren, die andere, ebenfalls beritten, versucht mit aller Kraft, die Ziege an sich zu reißen.

327 POLITIK AM BERG

Tadschikistan. Der höchste Berg des Landes, der 7495 Meter hohe Ismoil Somoni im Pamir-Gebirge, ist nach einem Samanidenführer benannt, der in der Zeit von 897 bis 907 herrschte. Der Gipfel hat aber auch politische »Karriere« gemacht: Zu Zeiten der Sowjetunion, der Tadschikistan angehörte, war er zuerst nach Stalin benannt, dann hieß er »Pik Kommunismus«. Russische Soldaten sollen in dem Gebirge übrigens schon auf den Yeti gestoßen sein.

328 HEIZEN ALS VOLKSSPORT – KOST' JA NIX!

Turkmenistan. Wer hier eingeladen wird, wird auch bei unfreundlichen Außentemperaturen im Haus sicherlich niemals frieren. Das gas- und erdölreiche Turkmenistan liefert seinen Bürgern nämlich Gas und Elektrizität gratis. Deshalb lassen viele Turkmenen ihre Heizung von Herbst bis zum Sommeranfang rund um die Uhr durchlaufen. Spöttisch heißt es dazu im Land: So könne man sich das Geld für Streichhölzer zum Wiederentzünden der Gasheizung sparen.

329 KEIN STRAND IN SICHT

Usbekistan. Das Land ist neben dem kleinen Alpenfürstentum Liechtenstein das einzige Land der Erde, das »double-landlocked «ist, also nur von Ländern umgeben wird, die auch ihrerseits keinen direkten Zugang zu den Weltmeeren haben. Usbekistans Nachbarstaaten sind – vom Westen beginnend und im Uhrzeigersinn – Kasachstan, Kirgisistan, Afghanistan und schließlich Turkmenistan (in Liechtenstein sind es die Schweiz und Österreich).

330 DIE -STAN-STAATEN

Seidenstraße. Im internationalen Politkauderwelsch werden sie oft nur »-stan-Länder« genannt, die sieben Staaten entlang der alten Seidenstraße, deren Namen auf -stan enden. Die bekanntesten sind Pakistan und Afghanistan. Die aus dem Persischen stammende Silbe -stan bedeutet »Heimat der ...«, etwa »Heimat der Afghanen«. Darüber hinaus gibt es auch viele Regionen, deren Namen so enden, etwa Kurdistan im Nahen Osten.

331 HYMNISCHER NOBEL-DICHTER

Bangladesch/Indien. Die Nachbarn Bangladesch und Indien pflegen ein allgemein gutes, aber manchmal auch konfliktreiches Verhältnis miteinander. Eine ungewöhnliche Gemeinsamkeit verbindet sie: Der in Indien geborene bengalische Dichter Rabindranath Tagore schrieb die Texte zu Bangladeschs und Indiens Nationalhymnen, sie stammen aus verschiedenen Gedichten des Literaturnobelpreisträgers von 1913, des ersten Nobel-Geehrten aus Asien.

332 STREIT UM EINE GEISTERINSEL

South Talpati. Bangladesch und Indien stritten sich heftig um eine 1970 nach einem Wirbelsturm in der Bucht von Bengalen aus dem Meer gewachsene Felseninsel. Beide beanspruchten das 3,5 Kilometer lange und 3 Kilometer breite Neuland für sich. Bangladesch nannte es South Talpati; Indien New Moore Island oder Purbasha. Die Natur beendete den Streit auf ihre Weise: 2010 war die Insel wieder im Meer verschwunden.

333 ZIVILISIERTES HUCKE-VOLLHAUEN

Bangladesch. *Kabbadi*, eine wohl in Indien entstandene Ballsportart, die aus der militärischen Schulung hervorging, hat Geländegewinne zum Ziel. Die geregelten Rangeleien wurden 1972 zum Nationalsport von Bangladesch erklärt; eine regelfreiere Version trägt den schönen Namen *Ha Du Du*. Trotz aller Regierungsbemühungen für den *Kabbadi* ist allerdings das britische Kricket in Bangladesch weiterhin Volkssport Nr. 1.

334 WER SOLL DAS LESEN?

Bangladesch. Wer in Bangladeschs Städten Zeitungsverkäufer und -geschäfte sieht, ist erstaunt über die Vielzahl an Publikationen. Es soll nach Schätzungen von Experten rund 2000 Wochen- oder Monatsmagazine und Tageszeitungen geben. Das wäre bei einer Bevölkerung von etwa 157 Millionen Menschen nicht ungewöhnlich – aber überraschend angesichts geringer Kaufkraft und einer Analphabetenrate von etwa 42 Prozent.

335 DAS LAND DER SECHS JAHRESZEITEN

Bangladesch. Die meisten Länder der Welt haben vier Jahreszeiten, manche tropischen Länder sogar nur zwei, die Trocken- und die Regenzeit. Bangladesch hat aber sogar sechs Jahreszeiten: *Bashonto*, den Frühling; *Grismo*, den Sommer; den regnerischen *Barsha*; *Sharat*, den Herbst, *Hemanto*, die kühle Zeit, und schließlich *Sheet*, der Winter. Kein Wunder, dass Bangladescher ihre Heimat auch »Spielplatz der Jahreszeiten« nennen.

336 GLÜCK AN JEDER ECKE

Bhutan. Der entscheidende Maßstab hier ist nicht wie in anderen Staaten das Bruttosozialprodukt, sondern bekanntlich die »Gross National Happiness«, also das nationale Glücksgefühl. Es basiert auf vier Pfeilern: nachhaltige Entwicklung, Schutz der Umwelt, Erhalt der Nationalkultur und gutes Regieren. Nicht glücklich wird aber, wer ein Tier einer geschützten Art tötet: Er muss im Himalaja-Königreich mit lebenslangem Gefängnis rechnen.

337 BITTE KEINE AMPELN!

Thimpu. Bhutan ist eines der wenigen Länder, das ohne eine Verkehrsampel auskommt. Nicht, dass das Land nie eine Ampel gehabt hätte: In der Hauptstadt Thimpu – immerhin rund 80 000 Bewohner – gab es früher eine solche Signalanlage. Aber die Bürger machten der Regierung klar, dass sie den neumodischen Kram nicht wollten. Die Ampel wurde eingemottet, seither regeln wieder Polizisten mit weißen Handschuhen den Verkehr.

338 STÜRMISCHER DRACHEN

Bhutan. Die Einheimischen nennen Bhutan *Druk Yul*, Land des donnernden Drachens. Der Name ist inspiriert von den gewaltigen Stürmen, die im Himalaja toben. Der Drachen befindet sich auch auf der orange-gelben Nationalflagge. Bhutan ist mit rund 38 000 Quadratkilometern etwa so groß wie die Schweiz. Mit der Eidgenossenschaft und dem ebenfalls alpinen Österreich unterhält Bhutan besonders enge Beziehungen.

339 EXKLUSIVES REISEZIEL

Bhutan. In Reiseführern und vielen Reiseberichten heißt es, Bhutan beschränke die Zahl der jährlichen Touristen auf 5000, um die Eigenart des Landes zu bewahren. Das ist falsch, wie auch die jüngsten Besucherzahlen beweisen: Sie liegen im mittleren fünfstelligen Bereich. Allerdings beschränkt die Zahl der Hotelbetten und Flugsitze die Reiselust, zumal jeder Tourist täglich 240 US-Dollar in die Landeswährung Ngultrum umtauschen muss.

340 PIKANTE FASSADENMALEREI

Bhutan. Im Land begegnet man immer wieder Häusern, die unübersehbar und zur Freude fotografierender Touristen mit einer Phalluszeichnung dekoriert sind. Sie gehen zurück auf das buddhistische Kloster Chimi Lhakhang bei der früheren Hauptstadt Punakha und gelten als Symbol für Fruchtbarkeit sowie für nicht näher definiertes Glück. Überdies sollen sie vor bösen Geistern und vor übler Nachrede schützen.

341 MUSEUM FÜR MITBRINGSEL

Bandar Seri Begawan. Was schenkt man einem Herrscher, der märchenhaft reich ist und schon alles hat? Das Sultanat Brunei, ein kleiner Staat mit großen Öl- und Gasfeldern auf der Insel Borneo, gibt die Antwort in seinem Royal Regalia Museum in der Hauptstadt Bandar Seri Begawan: Dort werden neben vielen zeremoniellen Gerätschaften auch Gastgeschenke von Staatsgästen ausgestellt. Im Museum gilt wie in der Moschee: Bitte Schuhe ausziehen!

342 WELTGRÖSSTE STELZENSIEDLUNG

Kampung Ayer. Der Sultan spendiert viele seiner Ölmillionen für ein Gratis-Schul- und Gesundheitssystem. Es gibt auch Beihilfen für den Hausbau, dennoch leben rund 20 000 Bruneier freiwillig im historischen Kampung Ayer, der größten Siedlung der Welt, die auf Stelzen im Wasser steht. Die Bauten sind inzwischen zur Attraktion der Hauptstadt geworden, nebst Besucherzentrum, in dem altes Handwerk demonstriert wird.

343 WELCHEN WAGEN NEHMEN WIR HEUTE?

Brunei. Einschlägige Gazetten sind voller Geschichten über den Reichtum des Sultans, dessen Familie Brunei seit mehr als 600 Jahren regiert. Ob alles stimmt? Tendenziell gewiss, aber im Detail? So soll der Herrscher etwa 5000 Autos besitzen, darunter mehr als 500 Mercedes, 180 BMW und 160 Porsches. Selbst der Volkswagen-Konzern soll in der königlichen Garage vertreten sein, mit 360 Bentleys und 20 Lamborghinis.

344 NICHT HÖHER ALS DAS MINARETT

Bandar Seri Begawan. Die »Omar Ali Saifuddien-Moschee« in Bandar Seri Begawan ist quasi das Zentrum des – in zwei Landesteile getrennten – Staates. Mit der in Stein nachgebauten Königsbarke (16. Jahrhundert) vor der Gebetsstätte ist diese zugleich Wahrzeichen des Landes. Höher als das 44 Meter hohe Minarett darf nicht gebaut werden – die Nationalbank, die höher hinauswollte, musste die Topetage wieder abtragen.

345 Fettnäpfchen

Brunei ist eines der striktesten islamischen Länder Asiens, auch der Verkauf von Alkohol ist verboten. Nicht muslimische Touristen dürfen allerdings rund 2 Liter für den Eigenbedarf einführen, ihn aber nie öffentlich und in Restaurants nur diskret trinken. Ein anderes Fettnäpfchen, wenngleich kein Gesetzesverstoß, ist bei der Begrüßung zu meiden: Man gibt sich in dem Sultanat zwar die Hand, aber nur unter Männern oder nur unter Frauen.

346 REINE UHRSACHE

China. Wie viele Zeitzonen hat China, das – nach Russland, Kanada und den USA – viertgrößte Land der Erde? Nur eine, die »China Standard Time«. Die nach dem Bürgerkrieg entstandene Volksrepublik schuf die vorherigen fünf Zeitzonen ab. Zum Vergleich: Die etwas größeren USA haben fünf Zeitzonen plus Hawaii-Zeit. Wenn es in Frankfurt (Winterzeit) 12 Uhr ist, ist es in China bereits 19 Uhr. China hat keine Sommerzeit.

347 MUSEUMSREIFE EUNUCHEN

Peking. Bei Peking erinnert ein Eunuchenmuseum an die Männer, denen als Knaben Penis und Hoden entfernt wurden, damit sie am Kaiserhof dienen konnten, ohne dessen Mätressen zu »beglücken«. Das Museum liegt beim Grab des einst mächtigen Eunuchen Tian Yi, dessen Beigaben fehlen. Darunter war auch das Täschchen, in dem er wie alle Eunuchen seine Genitalien bei sich trug – um nach dem Tod wieder ein »Mann« zu sein.

348 HEIRATSMARKT AUF CHINESISCH

Shanghai. Internet-Partnerbörse? Speeddating? In China funktioniert das oft noch nach traditioneller Art: Die Eltern suchen geeignete Ehekandidaten für ihren Nachwuchs, selbst in einer scheinbaren Hightech-Metropole wie Shanghai. Beobachten lässt sich das sonntags im Volkspark, wo Eltern per Foto ihre Söhne oder Töchter anpreisen. Wenn diese gar eine Eigentumswohnung besitzen, sind sie Favoriten auf dem Heiratsmarkt.

349 PYJAMA ODER VOLKSTRACHT?

Shanghai. Vor der Weltausstellung in Shanghai versuchten die Behörden, den Bewohnern in Wohnvierteln das Tragen von Schlafanzügen auf der Straße als »unzivilisiert« zu verleiden – mit mäßigem Erfolg. Die Organisatoren hatten recht: Touristen fotografieren das gerne. Allerdings glauben die meisten Besucher, es handele sich um traditionelle Volkstrachten. Dabei entstand diese »Mode« erst in den 1970er-Jahren.

350 Fettnäpfchen

Die zahlreichen kulturellen Unterschiede zwischen China und Westeuropa werden bei den Tischsitten deutlich: In China darf man beim Essen schmatzen, schlürfen und die Speiseschalen direkt an den Mund halten, um das Essen mit Stäbchen einzuschaufeln. Rülpsen ist völlig ok, lärmende Gasabfuhr nicht selten. Überraschenderweise gibt es auch Tabus: Naseschneuzen am Tisch (man geht in die Toilette) und den Teller leer essen. Bei Letzterem fühlt sich der Gastgeber verpflichtet, nachzulegen bzw. nachzubestellen.

351 IM FALLE EINES DRUCKVERLUSTES ...

Quinghai/Lhasa. Der »Tibet Train« dürfte der einzige Zug der Welt sein, in dem ein Arzt mitreist und wie im Jet Sauerstoffmasken für jeden Passagier parat sind. Die 1956 Kilometer lange Strecke von Quinghai in die Hauptstadt von Tibet, Lhasa, hält unterwegs im höchstgelegenen Bahnhof der Welt, in Tanggula auf 5068 Meter Höhe. Von Lhasa auf dem »Dach der Welt« sollen die Gleise nach Nepal und Indien weitergeführt werden.

352 EIN YAK FÜR ALLE FÄLLE

Tibet. In Tibet begegnet man überall Yaks. Die von den Tibetern domestizierten Herdentiere dienen als Lastenträger (auch auf 5000-Meter-Pässen), Fleisch- und Lederlieferanten; aus ihrer Wolle wird Kleidung und Zelttuch gemacht. Aus ihrer Milch entstehen Käse und Butter, letztere auch als Grundlage für Buttertee. Die weiblichen Tiere nennt man *Dri*.

353 DIE GESCHICHTE VOM GOLDENEN KLO

Hongkong. In Hongkong hat der »3D Goldshop« ein Klo aus Gold eingerichtet, das mehr als 3 Millionen US-Dollar wert ist. Angeregt dazu wurde der Besitzer nach eigenen Angaben von einem antikapitalistischen Lenin-Zitat. Die Toilette dürfen nur Kunden betreten, die für mindestens 200 US-Dollar eingekauft haben, nur mal reinschauen ist billiger. Angeblich besaß bereits ein verstorbener Milliardär in Hongkong ein Goldklo.

354 LETZTE RUHE: INTERNET

Hongkong. Mehr als 8000 Hochhäuser ragen in Hongkong in den Himmel – das ist absoluter Weltrekord. Dass der Grund knapp ist in der ehemaligen britischen Kolonie, beweisen aber auch die Friedhöfe: Grabstätten sind sehr selten und entsprechend teuer: Ein Platz auf dem chinesisch-christlichen Gottesacker kostet, wenn denn einer erhältlich ist, etwa 15 000 Euro. Kein Wunder, dass immer mehr Angehörige in Hongkong auf Online-Friedhöfe ausweichen.

355 ZOCKEN, BIS DER ARZT KOMMT

Macao. Die einstige portugiesische Kolonie, eine chinesische Sonderzone, ist der einzige Ort in China, in dem Glücksspiel legal ist. Und erfolgreich: Die Stadt am Perlfluss überholte 2006 sogar Las Vegas. Heute liegen die Einnahmen der 34 Casinos bei jährlich mehr als 30 Milliarden Euro, das ist etwa fünfmal so viel wie am Las Vegas Strip. Kein Problem, denn die US-Casinos sind die größten Investoren in Macao.

356 GRABMAL MIT SOLLBRUCHSTELLE

Agra. Das Taj Mahal, das Symbol Indiens, ist bekanntlich das Grabmal, das Großmogul Sha Jahan für seine geliebte dritte Ehefrau Mumtaz Mahal errichten ließ. 22 000 Arbeiter sollen 22 Jahre lang daran gearbeitet haben. Die vier Minarette des weißen Marmorbaus wirken kerzengerade, sind jedoch leicht nach außen geneigt. Damit sollte wohl verhindert werden, dass bei einem Erdbeben Trümmer auf das kostbare Mausoleum stürzen und es beschädigen oder zerstören.

357 KLEINER LÖWENANTEIL

Gujarat. Klar, in Indien gibt es Tiger. Aber Löwen? Ja, auch die gibt es auf dem Subkontinent, wenn auch nur noch in einem Reservat. Die asiatischen Löwen sind wesentlich kleiner als ihre afrikanischen Vettern. Als Anfang des 20. Jahrhunderts nur noch wenige Exemplare im Gir Forest des Bundesstaates Gujarat gezählt wurden, entstand daraus der inzwischen nahezu 1200 Quadratkilometer große Gir-Nationalpark.

Schon vorverdaut kommt dieser Kaffee in die Tasse (Nr. 362).

358 ENTE GEORDERT – FISCH BEKOMMEN

Mumbai. In der indischen Metropole Mumbai findet sich das Gericht *Bombay Duck* auf den Speisekarten, offensichtlich benannt analog zur Peking Duck. Wer es bestellt und sich auf Ente freut, wird aber enttäuscht. Serviert wird getrockneter und gesalzener lizard fish aus dem Indischen Ozean. Kölner kennen das. Wer in der Domstadt »Halve Hahn« ordert, erhält auch kein Geflügel, sondern ein Roggenbrötchen mit Käse.

359 BUDDHA UND DER BODHI-BAUM

Bodhgaya. Unter den vier Pilgerorten, die Buddha bestimmte, ist der Bodhi-Baum in Bodhgaya (Bundesstaat Bihar) der bekannteste. Er soll aus einem Ableger jener Pappelfeige stammen, unter der Buddha meditierte. Heute ist der Baum von Tempeln, aber auch von Souvenirbuden umgeben. Das begehrteste Andenken ist aber kostenlos: ein Blatt vom Bodhi-Baum. Es darf nicht gepflückt werden, es muss zu Boden gefallen sein.

360 Fettnäpfchen

Im Privat- wie im Berufsleben: Angebotene Getränke sollte man in Indien beim ersten Mal ablehnen, weil man sonst als gierig angesehen wird. Es kommt eigentlich immer eine zweite Offerte. Man hat ja Zeit, westliche Zeitkorsetts und Terminvorstellungen sind für Inder nicht bindend. Kenner des Subkontinents führen diese Haltung auf den Hinduismus zurück. Die aus Indien stammende Religion lehrt einen Kreislauf von Tod und Wiedergeburt. Die Zeit spielt in diesem Weltbild nur eine untergeordnete Rolle.

361 BERUFSBEZEICHNUNG: BEIFAHRER

Jakarta. In Indonesiens Hauptstadt dürfen während der morgendlichen und abendlichen Rushhour nur Privatautos mit mindestens drei Passagieren fahren. Damit will die Regierung den gigantischen Verkehrsstaus entgegenwirken. Viele Indonesier umgehen aber die schwer kontrollierbare Vorschrift, indem sie Passagiere »mieten« – ein Zubrot für Arme.

362 KAFFEE AUS KATZEN

Indonesien. Indonesien produziert das teuerste Getränk der Welt, den *Kopi Luwak*. Dieser Kaffee wurde schon für etwa 1000 US-Dollar pro Pfund gehandelt, weil jede Kaffeebohne eine Reise durch den Darmtrakt des in Südostasien heimischen palm civet hinter sich hat. Die Schleichkatze frisst Kaffeebohnen, die danach fermentiert sind. Weil inzwischen viele *civets* in Käfigen gehalten werden, sinken die Kaffeepreise tendenziell.

363 WANN BALI DICHTMACHT

Bali. Die Insel Bali und andere hinduistische Zentren in Indonesien feiern meist im März *Nyepi*, das Neujahrsfest. Es ist ein Tag der Stille, an dem das öffentliche Leben ruht. Es gibt kein Licht oder Feuer, niemand darf das Haus verlassen, das gilt auch für Touristen in Hotels. In den Tagen zuvor gibt es rituelle Reinigungen und – mit großen Puppen – Dämonenverbannungen.

364 3 METER LANGE DRACHEN

Komodo. Lange rätselten Forscher, wie die »letzten Drachen«, die bis zu 3 Meter langen Warane auf Komodo und seinen Nachbarinseln, ihre viel größere Beute erlegen. Es wurde vermutet, sie hätten einen giftigen Speichel. Erst 2009 fanden australische Biologen Giftdrüsen zwischen den Zähnen der Raubtiere. Komodo-Warane fressen meist nur einmal im Monat, dabei aber Mengen von bis zu 80 Prozent ihres Körpergewichts (70 Kilogramm).

365 Fettnäpfchen

Wer auf Bali Urlaub macht, wird einen Tempel besuchen, dabei trägt jeder – auch Männer – einen Sarong, ein um die Hüften geschlagenes, etwa knielanges Tuch. Das gilt auch für Touristen. Oft kann man die Tücher am Tempel ausleihen, aber es lohnt auch der Kauf am Marktstand, da sie am Strand praktisch und überdies ein nettes Souvenir sind. In Tempeln sollte man auf keine Mauern steigen, auch nicht für eine bessere Fotoposition. Frauen ist der Tempelbesuch während der Menstruation strikt untersagt.

366 DIE KLEINEN SCHREIEN IM SCHREIN

Tokio. Der Sensoji-Schrein in Tokio beherbergt jedes Jahr im April einen Babybrüllwettkampf (*Nakizumo*): Zwei junge Sumo-Ringer halten jeweils ein festlich gekleidetes Kleinkind im Arm, ein Shinto-Priester bringt es dabei mit Grimassen zum Schreien. Wer zuerst brüllt, ist jeweils der Sieger. Die – auch in anderen Schreinen beliebte – Zeremonie soll die Gesundheit der Kleinen fördern.

367 MANN OH MANN!

Kawasaki. *Kanamara Matsuri* ist das Fest des stählernen Penis, die Millionenstadt Kawasaki feiert diesen Tag alljährlich im April mit einer Parade, in der Riesenglieder zu einem Schrein getragen werden. Dort beteten einst Prostituierte um Gesundheit, heute meist Paare für Fruchtbarkeit, leichte Geburt und gute Ehen. Populär sind penisförmige Süßigkeiten und geschnitztes Gemüse.

368 FUßBAD IM ZUG

Japan. Im Hochgeschwindigkeitszug »Shinkansen Toreiyu« bietet die Bahngesellschaft JR East in einem Waggon Fußbäder in zwei 2,4 Meter langen Wannen an. Die Passagiere sitzen auf dem breiten Wannenrand, während die Landschaft vor den Panoramafenstern vorbeirauscht. Den eleganten Zug hat der Designer Ken Okuyama entworfen, der auch für Ferrari Autos designte.

369 LABYRINTH TOKIO

Tokio. Wer in Tokios Häusermeer eine Adresse sucht, kann leicht verzweifeln. Die Häuser der Straßen sind nämlich nicht wie gewohnt durchnummeriert, die Haunummern richten sich vielmehr nach der Reihenfolge, in der die Bauanträge für die Häuser einst genehmigt wurden. Nur die wichtigsten Straßen tragen Namen. Im Notfall helfen die vielen örtlichen Polizeistationen weiter.

Vor dem balinesischen Neujahrsfest werden rituelle Reinigungen durchgeführt. Anders als in der westlichen Welt ist das *Nyepi* ein Tag der Stille (Nr. 363).

Gute Chancen, den Babybrüllwettkampf in Tokio zu gewinnen, hat dieser kleine Schreihals (Nr. 366).

370 Fettnäpfchen

Irasshaimase (»Willkommen«) – das schallt einem in jedem Geschäft Japans unentwegt entgegen. In großen Kaufhäusern stehen für den Gruß sogar junge Damen eigens am Portal, die sich grüßend vor den Kunden verneigen. Wer so viel Höflichkeit artgerecht beantwortet, verwirrt die Angestellten jedoch. Ein freundliches, aber stilles Lächeln ist stets die passende Replik.

371 FLAGGE MIT TEMPEL

Kambodscha. Die Nationalflagge von Kambodscha ist die einzige der Welt, auf der ein Gebäude dargestellt ist: die stilisierten Tempel von Angkor Wat auf einem roten Streifen, der oben und unten von einem blauen Band gerahmt wird. Die im 12. Jahrhundert entstandene Tempelanlage verlor über die Jahre an Bedeutung, bis Wissenschaftler sie im 19. Jahrhundert erforschten. Heute ist Angkor Wat die größte Attraktion Kambodschas.

372 REIS AN SPINNE

Kambodscha. Taranteln, die großen, haarigen und meist nur milde giftigen Spinnen, sind gegrillt ein Leckerbissen für Kambodschaner: Verspeist werden sie natürlich mit der Allzweckbeigabe Reis, aus dem in Kambodscha so viele Speisen gekocht oder gebraten werden, dass das Wort »Reis« in der Khmer-Sprache gleichbedeutend ist mit »Essen« generell. Dazu gehören auch Nudeln und Süßspeisen mit Früchten und Kokosmilch aus Reis.

373 DER LIPSTICK-COCKTAIL

Phnom Penh. Die Stadt hat einen »signature drink«, der 1967 bei einem Besuch von Jackie Kennedy in der »Elephant Bar« des »Royal Hotel« entstand: Der *Femme Fatale* wird gemixt aus Champagner, Cognac und Likör aus Walderdbeeren. Dann wird das Glas mit einer Orchideenblüte geschmückt. Das Hotel hat Jackies Glas mit Lippenabdruck aufbewahrt, räumt jedoch ein, dass ihre Lippenstiftspuren bisweilen aufgefrischt werden.

374 DAS LÄNGSTE ABC DER WELT

Kambodscha. Kambodschas Abc-Schützen haben es schwer. Sie müssen das Khmer-Alphabet mit seinen 71 Zeichen lernen – nicht gerechnet einige Zwischenzeichen, mit denen manche Worte aus dem Westen »eingekhmert« werden. Das längste Alphabet der Welt stammt aus dem 6. Jahrhundert und geht auf indische Schriften zurück. Vielleicht liegt es auch daran, dass Kambodscha nur eine Alphabetisierung von 70 Prozent vorweisen kann.

375 SPORTFEST FÜR TOTE

Kambodscha. Das »Festival der Toten«, eines der höchsten Feste Kambodschas, hat nichts Morbides. Es ist der Ahnenverehrung gewidmet. An 15 Tagen im Oktober werden den Vorfahren, deren Geister zu Gast kommen, Speiseopfer gereicht. Der letzte Tag dient ihrer Unterhaltung mit traditionellen Sportwettkämpfen, wie Khmer-Ringen und alten Kampfsportarten wie *Bokator* und *Pradal Serey* sowie mit Pferde- und Wasserbüffelrennen.

376 PROBELIEGEN BEIM BESTATTER

Seoul. »Happy Dying«, glückliches Sterben, nennt Kim Giho in Seoul seine Firma. Sie veranstaltet Seminare, in denen man sich auf das – hoffentlich noch ferne – Ableben vorbereiten kann, etwa mit Rollenspielen oder PowerPoint-Präsentationen. Abschluss ist die Lagerung im Sarg, dann werden die Sargnägel wuchtig ins Holz gehämmert. Mit dem Versprechen: Nach 30 Minuten kommt die Wiederauferstehung.

377 EIN FUNPARK FÜR GROßE

Cheju. Ein flotter Oral-Dreier, der im wahren Leben artistisches Können fordern würde, erwartet die Besucher im »Love Land« auf der Insel Cheju, wenn sie die Pforte, eine große Vulva, durchschritten haben. 140 Statuen lehren in dem Themenpark des Flitterwocheneinlands alle denkbaren Stellungen humaner Multiplikationsversuche. Sogar aus dem Goldfischteich ragen detailverliebte erigierte Glieder.

378 ABSTECHER IN DIE TODESZONE

Panmunjom. Es gibt wohl nur eine Touristenattraktion, vor deren Besuch man unterschreiben muss, dass man sich der tödlichen Gefahr hier bewusst ist: Panmunjom in der »Demilitarisierten Zone« an der Grenze zu Nordkorea. Touristen können eine der Hütten an der Grenze und einen nordkoreanischen Tunnel besichtigen sowie nordkoreanischen Schnaps kaufen.

379 EINZIGARTIGE DONNERBALKEN

Suwon. In Europa, Asien und Amerika gibt es etliche Toilettenmuseen. Viele informieren darüber, dass nur ein Siebtel der Weltbevölkerung Zugang zu Toiletten hat. Aber die WC-Sammlung im südkoreanischen Suwon ist einzigartig: Sie befindet sich in einem Gebäude, das architektonisch einer Toilettenschüssel nachempfunden ist. Das Museum trägt in der Landessprache den Namen *Hae-woo-jae*, das bedeutet: sorgenfreie Zuflucht.

380 Fettnäpfchen

Gesten haben in Asien oft eine andere Bedeutung als in Europa, manches uns vertraute Signal der Körpersprache kann in Fernost beleidigend sein. In Korea etwa winkt man niemanden herbei, wenn dabei die Handfläche nach oben zeigt. Das gilt als unhöflich. Besonders unfreundlich ist es, dabei nur mit einem Finger zu winken: So ruft man nur Hunde heran. Wer jemanden höflich herbeirufen möchte, wendet die Handfläche nach unten und wedelt dann mit den Fingern.

381 DIE QUAL DER WAHL

Malaysia. Das Land ist eine Wahlmonarchie, der vorwiegend zeremoniell tätige König wird alle fünf Jahre aus dem Kreis der Sultane gewählt. Der Monarch trägt im Land den Titel *Seri Paduka Baginda Yang di-Pertuan Agong*, kurz: *Yang di-Pertuan Agong*. Auch die Emire der Vereinigten Arabischen Emirate wählen einen »Herrscher«, nennen ihn aber »Präsident«. Ein »Wahlmonarch«, der wirklich herrscht, ist der Papst.

382 STINKENDE MONSTERBLUMEN

Borneo. Auf dieser Insel, die sich Malaysia, Indonesien und Brunei teilen, wächst die größte Blume der Welt: Die Rafflesia-Blüte kann bis zu einem 1-Meter-Durchmesser wachsen – und bestialisch stinken. Malaysia hat ein Schutzprogramm für die etwa 20 Rafflesia-Arten eingeleitet, die als Parasiten auf anderen Pflanzen leben.

383 DIE GRÖßTEN BLÄTTER DER WELT

Borneo. Auch in der malaysischen Provinz Sabah auf Borneo wachsen Pflanzen mit Riesenblättern. Dort wurde das größte ungeteilte Pflanzenblatt der Welt entdeckt, an einer *Alocasia Macrorrihza* (»Riesenblättriges Pfeilblatt« aus der Familie der Aronstab-Gewächse). Seine Maße: 3,02 Meter hoch, 1,92 Meter breit. Die größten geteilten Blätter im Pflanzenreich sind die oft 20 Meter langen Palmwedel der Raffia-Palme.

384 DIE KAUTSCHUK-METROPOLE

Kuala Kangsar. Hier steht ein Kautschukbaum, der aus einem Ableger der Ridley-Bäume stammt. Der britische Biologe hatte aus Brasilien Samen geschmuggelt, aus denen die Kautschukweltmacht Malaysia erwuchs. Heute ist Palmöl die Haupternte. Übrigens: Der deutsche Gummibaum produziert auch Latexmilch, ist aber mit Kautschukbäumen nicht verwandt.

385 Fettnäpfchen

Wer den seit Langem von einer islamistischen Partei regierten malaysischen Bundesstaat Kelantan besucht, sollte sich auf eine immer stärker betriebene Geschlechtertrennung einstellen: Männer und Frauen dürfen nicht auf denselben Parkbänken sitzen, Kinos haben geschlossen, nachdem dort getrennte Sitze und Licht während der Vorführungen Pflicht wurde. Männer und Frauen müssen im Supermarkt an getrennten Kassen bezahlen. Frauen, die sich stark schminken oder auffällig kleiden, müssen mit Bestrafung rechnen.

386 DIE REGIERUNG TAUCHTE UNTER

Malediven. Mit einer spektakulären Aktion wies die damalige Regierung der Malediven auf die größte Bedrohung des Landes hin: den Untergang der nahezu 1200 Inseln im Indischen Ozean durch den Klimawandel und den Anstieg der Meeresspiegel. Präsident und Minister trafen sich 2009 in Tauchausrüstung zur Kabinettssitzung unter Wasser – Bilder, die um die ganze Welt gingen. Die Atolle der Malediven liegen nur 1 Meter über dem Meeresspiegel.

387 EIN WORT GEHT UM DIE WELT

Malediven. Die Nationalsprache der Malediven, Dhivehi, hat nur ein Wort zum Wortschatz der Welt beigesteuert: *Atholu*, das Atoll. Dhivehi ist eine aus dem Singalesisch des Mittelalters stammende Sprache, sie hat sich aber auf den Inseln, die gut 1000 Kilometer südwestlich vor Sri Lanka liegen, eigenständig entwickelt. Der Staat heißt in der Landessprache *Dhivehi Raajjeyge Jumhooriyyaa* (»Republik Malediven«).

388 WAHLBETRUG PER KOKOSNUSS

Malediven. Die Malediven gelten als strenggläubiges muslimisches Land. Dennoch ist der traditionelle Geisterglaube dort sehr lebendig. So sollten Piloten auf dem Flughafen von Ghan durchaus mit einem radelnden Geist rechnen. Und die Kokosnuss, die bei den Wahlen 2013 vor einem Wahllokal gefunden wurde, galt als des versuchten Wahlbetrugs verdächtig – weiß man doch, dass Kokosnüsse oft mit Zaubersprüchen belegt werden.

389 EINE INSEL AUS MÜLL

Malediven. 350 000 Einwohner und mehr als doppelt so viele Touristen – wohin nur mit all dem Müll, den diese produzieren? Die Malediven wollten dafür keine Insel »opfern«, sie legten eine neue an: Thilafushi. Landgewinnung mit Abfall, auf den ersten Blick ein Erfolg, der sogar Platz für Industrie und somit Arbeitsplätze schuf. Aber maledivische Umweltschützer warnen vor toxischen Giften im Unrat. Und die britische BBC urteilte: »apokalyptisch«.

390 Fettnäpfchen

Die Malediven trennen zwar Inseln mit Einheimischen von Touristeninseln, doch auch dort dürfen die Besucher nicht alles. »Oben ohne« ist zum Beispiel strikt verboten. Die Resorts sind zwar vom allgemeinen Alkoholverbot ausgenommen, aber einführen darf man nichts Alkoholisches. Auch die heimische Wurst aus Schweinefleisch, die den Urlaub bereichern soll, wird bei der Einreise konfisziert und offiziell als unislamisch vernichtet. Ob so auch beim beschlagnahmten Alkohol verfahren wird, bezweifeln manche Malediver.

391 DSCHINGIS KHAN IST DER HIT

Mongolei. Das Land, eines der am dünnsten besiedelten der Erde, war einst unter den Heerführern Dschingis Khan und Kublai Khan Zentrum eines Weltreichs. Heute ist Dschingis Khan hier allgegenwärtig, so ist der Flughafen der Hauptstadt Ulan Bator nach ihm benannt und 55 Kilometer außerhalb ragt er auf dem größten Reiterstandbild der Welt aus der Steppe.

392 EIER SUCHEN MIT »INDIANA JONES«

Gobi. In der Wüste Gobi entdeckte der amerikanische Wissenschaftler und Abenteurer Roy Chapman Andrews (1884–1960) als erster Forscher weltweit Dinosauriereier und er wusste sich als Meisterschütze auch mongolischer Räuber zu erwehren. Der spätere Direktor des Amerikanischen Museums für Naturgeschichte war wegen seiner oft lebensgefährlichen Erlebnisse berühmt, er gilt als Vorbild für Hollywoods »Indiana Jones«.

393 UND DAS GELD STINKT DOCH!

Mongolei. Die mongolische Währung, Tugrik (auch Tögrök) genannt, zeigt erwartungsgemäß Porträts von Dschingis Khan und kommt in großen Scheinen daher – eine Übernachtung in einem Touristenhotel in Ulan Bator kostet etwa 40 000 Tugrik. Den heutzutage in Großbritannien gedruckten Geldscheinen des Hirten- und Herdenlandes sagt man nach, dass sie nach kurzer Zirkulationszeit unverkennbar nach Schaf riechen.

394 EIN ZELT FÜR DIE WELT

Mongolei. Die Jurte, das Großzelt mongolischer Nomaden (dort *ger* genannt), macht international Karriere: Auf vielen Campingplätzen sind die stabilen Holzkonstruktionen als Alternative zu Blockhäusern sehr geschätzt. Insbesondere beim sogenannten Glamping (glamour camping) sind Luxusjurten beliebt. Genauso wie das »Mongolian Barbecue« als Grillrestaurantvariante. Es hat aber mit der Mongolei nichts zu tun und stammt aus Taiwan.

395 WOHLTÄTIGE SCHROTT-RALLYE

England/Ulan Ude. Die »Mongol Rally« ist eine skurrile Autofahrt, die in England startet und ursprünglich in Ulan Bator endet. Sie hat keine Sieger und nur drei Regeln: 1. Der Motor darf nicht mehr als 1200 Kubikzentimeter haben, das Auto muss abwrackfällig sein. 2. Die Teams dürfen keine Helfer haben. 3. Jedes Team muss mindestens 1000 britische Pfund (1350 Euro) für wohltätige Zwecke sammeln. Aus Steuergründen endet die Fahrt inzwischen im russischen Ulan Ude.

396 DIESE RINDE SCHÜTZT VOR (FAST) ALLEM

Burma. Immer wieder trifft man in Burma (Myanmar) auf Frauen, Männer und Kinder, die ihre Gesichter mehr oder minder kunstvoll mit einer weißlich-gelben Paste eingerieben haben: *Thanaka* ist eine traditionelle Naturkosmetik, die aus der geriebenen Rinde des indischen Holzapfelbaums gewonnen wird. Sie schützt und kühlt die Haut vor Sonne, sie soll auch die Haut straffen, überdies gegen Erkältungen wirken.

397 ALLES HÄNGT AN EINEM HAAR

Kyaikto. Der Goldene Fels auf dem Kyaikto-Berg ist eine Pilgerstätte, die zwar Tausende Einheimische anzieht, aber wegen der beschwerlichen Anreise nur wenige ausländische Touristen sieht. Der völlig mit Blattgold belegte Granitbrocken wird, so die Legende, allein von einem Haar Buddhas daran gehindert, in den Abgrund zu stürzen. Frauen dürfen nur eine kleinere, ebenfalls goldbelegte Nachbildung berühren.

398 KUNSTVOLLES KNIEKICKEN

Burma. Die Burmesen pflegen eine Sportart, bei der die Sieger die schönste Tanzdarbietung zeigen: Beim 1500 Jahre alten *Chinlone* bewegen sich fünf Mitspieler im Kreis. Sie und ein »tanzender« Solist in der Mitte versuchen, den *Chinlone*, einen Rattanball, so lange wie möglich in der Luft zu halten. Sie dürfen Füße und Knie, aber nicht die Hände einsetzen.

399 BURMAS BESTE LAGEN

Taunggyi. Burma ist kein vertrauter Name unter Wein-Gourmets. Aber das will ein nicht mehr ganz junger Düsseldorfer ändern. Mit Partnern hat Bert Morsbach im Shan-Hochland »Aythaya« gegründet, Myanmars erstes Weingut. Mit 10 000 Rebstöcken aus Europa produziert er jährlich 100 000 Flaschen Shiraz, Sauvignon Blanc und andere Sorten. Ein Restaurant und eine Bungalowanlage ergänzen das exotische Angebot.

400 Fettnäpfchen

Touristen hüllen sich in Burma gerne in die Nationalkleidung, einen Wickelrock aus einem langen Tuch, *longyi* genannt. Oft schmunzeln die Einheimischen, wenn sie sehen, dass Touristen ihn nach Frauenart tragen, und Touristinnen nach Männerart. Der *paso* der Männer wird vor dem Bauch geknotet, der *thamein* der Frauen wird seitlich an der Hüfte festgesteckt. Ein anderer Tipp: Wer im Restaurant kussartige Geräusche hört, sollte keine Schmusereien vermuten – so macht man in Burma Kellner auf sich aufmerksam.

401 DAUERPROVISORIUM EVEREST

Mount Everest. Nepals Stolz, der – mit China geteilte – 8848 Meter hohe Mount Everest, ist der höchste Berg der Erde. Benannt wurde er nach dem obersten Landvermesser im damals britischen Indien, Sir George Everest (1790–1866), der diesen Berg nie vermessen hat. Sein Nachfolger in Indien, Andrew Waugh, hatte die Benennung ursprünglich auch als provisorisch gedacht. Everest sprach seinen Namen übrigens »Ivrist« aus.

402 TIEFSEE IM HOCHGEBIRGE

Mount Everest. Der im Moment 8848 Meter hohe Mount Everest wächst noch, allerdings nur noch wenige Millimeter im Jahr. Mit ihm steigt auch das »Gelbe Band« immer höher. Es zieht sich etwa 600 bis 1200 Meter unterhalb des Gipfels durch das Gestein, besteht aus maritimem Kalkstein und ist ein Überbleibsel der Thetyssee auf der Indischen Erdplatte, die nordwärts wanderte und bei Kollision mit der eurasischen Platte das Himalaja-Gebirge auffaltete.

403 SPITZEN-FLAGGE

Nepal. In der Flaggenparade vor dem UN-Hauptquartier in New York fällt Nepals Nationalfahne besonders auf: Es ist die einzige nicht rechtwinklige Flagge der Welt. Sie besteht aus zwei übereinanderliegenden Dreiecken, auf dem oberen ist der Mond, auf dem unteren die Sonne abgebildet. Diese gelten als Symbole für Hinduismus und Buddhismus, beide Religionen prägen das Land. Die Spitzen symbolisieren die Himalaja-Berge. Das Design ist mehr als 2000 Jahre alt.

404 DER LEHRER HAT NIE RECHT

Nepal. Die einzigen lebenden Göttinnen der Welt residieren in Tempeln in Nepal. Die *Kumaris* (Mädchen/Jungfrauen) werden als kleine Kinder von der buddhistischen Elite ausgewählt und bei Religionsfesten verehrt. Mit der Menstruation kehren sie ins normale Leben zurück. Früher galten sie als allwissend, heute erhalten sie Privatunterricht – schwierig für die Lehrer, da niemand einer Göttin widersprechen darf.

405 KLEINE MONSTER-MASCHINEN

Nepal. Yeti Airlines ist die größte innernepalesische Fluglinie, die ihrem Namenspaten, dem mythischen Himalaja-Monster, auch optisch Reverenz erweist: Auf dem Seitenleitwerk prangt ein übergroßer Fußabdruck, das Logo der 1998 gegründeten Fluggesellschaft. Mit ihrer Tochtergesellschaft Tara fliegt sie sieben kleinere Maschinen, darunter zwei Dornier Do 228, die auch auf kurzen Bahnen starten und landen können.

406 DAS UNVOLLENDETE BAUWERK

Pjöngjang. Im Jahr 1987 begann in Nordkoreas Hauptstadt Pjöngjang die Arbeit am »höchsten Gebäude der Welt«, dem beachtliche 105 Etagen zählenden »Ryogyong Hotel«. Die wie eine Papierrakete geformte 3000-Zimmer-Herberge ist aber immer noch nicht eröffnet. Mit 330 Meter Höhe ist sie inzwischen auch nur noch Nr. 35 unter den Baugiganten. Das *Esquire Magazine* nannte es das »schlimmste Bauwerk in der Geschichte der Menschheit«.

407 WEIHNACHTLICHER MUTTERTAG

Nordkorea. Weihnachten in Nordkorea? Der letzte stalinistische Staat der Welt kennt kein Christfest. Stattdessen wird am 24. Dezember Kim Jong-suk verehrt, die 1949 gestorbene Mutter des »lieben Führers« Kim Jong-il (gestorben 2011). Valentinstag? No no! Auch das gibt es in Nordkorea nicht. Stattdessen zelebriert das hungernde Land am 16. Februar den Geburtstag von Kim Il-jong. Und verliebte Aktivistenpärchen schenken sich gegenseitig Parteiabzeichen.

408 LEGENDÄRES GREEN

Pjöngjang. Golf in Nordkorea? Ist – mit einem der raren Touristenvisa – zumindest theoretisch möglich. Normalerweise wird, so hört man, der einzige Golfplatz des Landes für die Bonzen des Regimes reserviert. Wer es aber auf die 18 Greens bei Pjöngjang schafft, golft auf historischem Grund: Kim Jong-il soll hier bei der ersten Golfrunde seines Lebens elf Hole-in-ones versenkt haben.

409 HAARSCHNITT NACH VORLAGE

Pjöngjang. Die Barbiere von Pjöngjang können sich in ihrer Kunst schwerlich ausleben, denn ihre Kunden können nur zwischen 28 zugelassenen Haartrachten wählen. Dabei haben die Frauen die größere Auswahl. Für Männer gilt: Kein Haar darf länger als 5,08 Zentimeter (2 Inch) aus dem Haupt ragen. Die Order, alle Koreaner müssten dieselbe Frisur tragen wie der Präsident, ist allerdings ein Internetscherz.

410 Fettnäpfchen

Im totalitär regierten Land Nordkorea ist die Liste der Einschränkungen lang. Verboten sind etwa Ferngläser oder Radios, unerwünscht sind Gespräche über Politik oder die Verehrung der drei Kim-Präsidenten. Fotos der Präsidenten dürfen nicht geknickt werden. Im Kumsusan-Gedenkpalast wird von Herren eine Krawatte erwartet. Vor wichtigen Denkmälern sollte man sich verbeugen. Trinkgeld ist unüblich, nur die eigenen Reiseleiter und Touristenbusfahrer erwarten 5 Euro täglich. Und, und, und …

411 EIN ZELT ALS MOSCHEE

Islamabad. Das Wahrzeichen der Stadt, die »Shah Faisal-Moschee«, bietet 70 000 Gläubigen Platz und gehört zu den größten islamischen Gotteshäusern der Welt. Der einem Beduinenzelt nachempfundene Bau wurde bezahlt von Saudi-Arabien und nach dessen König benannt. Die Lichtkugel im Inneren wurde von dem Deutschen Johannes Dinnebier gestaltet.

412 DIE HÖCHSTE TEERSTRAßE DER WELT

Pakistan/China. Die höchstgelegene geteerte internationale Straße der Welt, der Karakorum Highway, verbindet seit 1986 Pakistan mit China. Die knapp 1300 Kilometer lange Trasse führt im Karakorum-Hochgebirge über den 4693 Meter hohen Khunjerab-Pass. China baut die schlichte Trasse derzeit mehrspurig aus, um künftig mehr Waren über pakistanische Häfen zu verschiffen und den Tourismus auf der Seidenstraße zu fördern.

413 NEUES TAL IN ALTEN BERGEN

Hunza-Tal. Mit dem Bau des Karakorum Highway wurde auch das zuvor nur zu Fuß und auf gefährlichen Pfaden erreichbare Hunza-Tal erschlossen. Der einstige Adelsstaat liegt auf etwa 2500 Meter Höhe und hat sich wegen seiner spektakulären Bergkulisse besonders rings um Fort Baltit zu einem Touristenziel entwickelt. Neu entdeckt wird dabei die Hunza-Küche, die u. a. bekannt war für *maltash*, eine lange eingegrabene Butter.

414 SPIEL OHNE REGELN

Gilgit. Shandur Top im pakistanischen Gilgit ist der höchstgelegene Polo-Platz der Welt. Hier auf 3700 Meter Höhe treffen sich seit 1936 lokale Polo-Teams zu einem Turnier, das sogar Besucher aus dem Ausland anzieht. Der Grund: Unterhalb des Shandur-Passes wird »Traditional Polo« gespielt, mit jeweils sechs Spielern und Pferden pro Mannschaft. Es gilt die Regel: Es gibt keine Regeln! Und keine Schiedsrichter.

415 HIER WERDEN AUS WABEN BÄLLE

Sialkot. Ein passendes Souvenir aus Pakistan? Ein Fußball! Die Hockey- und Kricketnation ist nämlich der weltgrößte Hersteller von handgenähten Fußbällen, Epizentrum der Kicker-Fabrikation ist die traditionsreiche Industriestadt Sialkot. In meist kleinen Betrieben werden dort jährlich 40 bis 60 Millionen Fußbälle zusammengenäht; in Weltmeisterschaftsjahren können das bis zu 70 Prozent der Weltproduktion sein.

416 DIE ZWEI SEITEN EINER FLAGGE

Philippinen. Die Flagge der Philippinen hat eine Besonderheit. Normalerweise besteht sie aus einem blauen (oben) und roten Band, in die vom Mast her ein weißes Dreieck mit einer Sonne und drei Sternen ragt. In Kriegszeiten ist jedoch das rote Band oben und das blaue unten. Die Flagge wurde 1879 vom Revolutionsführer und späteren Präsidenten Emilio Aguinaldo entworfen, die Farben sollen entweder an Kuba oder die USA erinnern.

417 DAS GRENZT AN DAUERWEIHNACHTEN

Philippinen. Wer sich Ende August über Weihnachtsgebäck im Supermarkt ärgert, sollte nicht auf die Philippinen reisen. Dort dauert nämlich die *yultide*, die Weihnachtszeit, von September bis zum Dreikönigssonntag im Januar – inklusive Santa-Dekor und allzeit »Jingle Bells« im Ohr. Und wer »*Simbang Gabi*« durchhält und an allen neun Messen in den Nächten vor Heiligabend teilnimmt, dem werden seine Wünsche erfüllt.

418 DRASTISCHE OSTERRITUALE

Philippinen. Auch die *holy week* (»Karwoche«) vor Ostern wird hier von einigen Gläubigen etwas anders zelebriert: Während der *Penitensiya* geißeln sie sich auf dem Weg zum Kreuzhügel mit ihren Peitschen, einige lassen sich dann ans Kreuz schlagen – alles freiwillig. Der Regierung sind die religiösen Spektakel recht, weil sie immer mehr Touristen anlocken.

419 VORSICHT, SCHMELZENDE OSTEREIER!

Camiguini. Die Insel im Süden der Philippinen ist nur 230 Quadratkilometer groß, trägt aber sieben Vulkane – das ist Weltrekord (die meisten Vulkane pro Quadratkilometer). Die Feuerberge gelten als schlafend, der letzte Ausbruch geschah 1971. Nach der Eruption des Mount Vulcan 1871 entstand ein Kreuzweg, dessen 14 Stationen hinauf auf den Berg führen. Er markiert das Ende der Osterprozession, die über 64 Kilometer um die Insel führt.

420 Fettnäpfchen

Philippinische Männer tragen oft, auch zu höchst offiziellen Anlässen, ein *barong tagalog*, oft abgekürzt zu *baro*. Das leichte, weit geschnittene und transparente Hemd wird über einem schlichten weißen Hemd und immer über dem Hosenbund getragen, was bei tropischen Temperaturen sehr angenehm ist. Bei festlichen Anlässen sieht man viele *baros*, deren Vorderseite aufwändig bestickt ist. Ein normales Oberhemd eignet sich nicht als baro. Hin und wieder tragen auch Frauen einen eleganten *barong tagalog*.

421 BESSER SAUBER BLEIBEN

Singapur. Der Stadtstaat Singapur dürfte die sauberste Großstadt der Welt sein – und wer sich nicht daran hält, muss mit harten Strafen rechen: Wer in einer öffentlichen Toilette nicht nachspült und von einem Zivilpolizisten erwischt wird, muss 500 Dollar Strafe berappen. Zehnmal mehr kostet es, in einen Lift zu pinkeln. Die Einheimischen sprechen von einer *fine city* – das kann »schöne Stadt« heißen, aber auch »Stadt der Strafen«.

422 WETTBEWERB DER PIEPMÄTZE

Singapur. Jeden Morgen, vor allem an Sonntagen, treffen sich viele Vogelfreunde im Stadtgarten Ang Mo Kio mit ihren gefiederten Meistersängern. Sie präsentieren ein großes Gratiskonzert und ihre Meister debattieren ausdauernd darüber, ob ein *mata puteh*, ein Orientalischer Weißaugenvogel, oder ein *merbock*, eine Zebrataube, besser bei Stimme ist. Die Antwort kommt ohne Zögern aus den teilweise kunstvoll geschnitzten Käfigen.

423 BÄUME AUS BETON

Singapur. Ohnehin eine grüne Stadt, hat Singapur auf neugewonnenem Land einen 54 Hektar großen Park mit zwei Gewächshäusern angelegt. Die größte Attraktion, 18 bis 50 Meter hohe »Superbäume«, ist aber aus Beton und Stahl. Die »Bäume« sind Belüftungsschächte, einige dienen mit Solarzellen der Energiegewinnung. Die beiden größten sind mit einer Brücke als Aussichtsplattform verbunden.

424 KEINER KENNT DAS REZEPT

Singapur. Der *Singapore Sling* entstand 1915 im »Raffles Hotel«. Von dem Cocktail aus Gin, Kirschlikör, Bénédictine und Ananassaft, den man in der »Long Bar« im »Raffles« heute 1000-mal pro Abend serviert, ist das Originalrezept unbekannt. Auch ist die heutige Bar nicht der Geburtsort des Getränks. Aber sie ist einzigartig: Während sonst in Singapur jede Verschmutzung bestraft wird, wirft man hier die Erdnussschalen auf den Boden.

425 WEIHNACHTSZEIT

Singapur. Etwas Fantasie und größere Dollarscheine sorgen dafür, dass es hier in der Weihnachtszeit schneit. Im Einkaufszentrum Tanglin Mall unweit der Orchard Road zieht alljährlich ab Mitte November ein »Christmas Garden« zahlreiche Familien an. Zweimal an jedem Abend sorgen Schneekanonen für künstlichen Schnee, aus einem Rohr quillt überdies eine Schaumlawine für die Kinder.

426 ADAMS LANDEPLATZ

Adam's Peak. »Adams Brücke«, in alten Dokumenten »Ramas Brücke« genannt, ist eine etwa 30 Kilometer lange Kette von kleinen Inseln und Sandbänken in der Meerenge zwischen Südindien und der Nordspitze Sri Lankas. Nach islamischen und christlichen Legenden ist Adam über Sri Lanka aus dem Himmel gefallen und auf dem 2243 Meter hohen Adam's Peak gelandet. Er soll dann die »Brücke« genutzt haben, um nach Indien zu gelangen.

427 HAUPTSTADT-VERWIRRUNG

Kotte. Wie heißt die Hauptstadt von Sri Lanka, dem einstigen Ceylon? Ein knifflige Quizfrage, da vielen sogleich Colombo einfällt. Aber 1982 wechselten Parlament und Politelite nach Sri Jayawardanapura Kotte, ein Vorort von Colombo und meist nur Kotte genannt nach einer Festung (»Kotte«) des 13. Jahrhunderts. Später kam der Ehrentitel *Sri Jayawardhanapura*, »prachtvolle Stadt des wachsenden Sieges« hinzu.

428 AUCH HIER WURDE NACHGEHOLFEN

Sigiriya. Eine der bekanntesten Sehenswürdigkeiten Sri Lankas ist Sigiriya, ein fast 200 Meter aus der Ebene ragender Felsen, der einst eine Königsburg trug. Wer die Stufen an der Felsflanke emporsteigt, passiert auch die »Wolkenmädchen«, 22 hübsche Fresken barbusiger junger Frauen. In den 1970er-Jahren wurden die Bilder restauriert – einschließlich »plastischer Chirurgie«.

429 LEDERHOSEN-CITY

Katunayake. Die meisten »bayerischen Lederhosen« stammen erstaunlicherweise aus Sri Lanka, doch die Fabrik in Katunayake liefert auch Hosen im Stil der Steiermark oder des Salzkammerguts. Vor dem Oktoberfest herrscht Hochbetrieb, aber die Näherinnen sind ganzjährig beschäftigt. Sie sollen gekichert haben, als sie die ersten Modelle mit dem großen Hosenlatz sahen. Übrigens: Die meisten »Krachledernen« sind aus »Wildbock« (Ziegenleder).

430 BEGEHRTES PULVER

Sri Lanka. »Schon 45 Kilometer vor der Küste riecht man den Zimt«, berichtete ein niederländischer Kapitän im 17. Jahrhundert – das heutige Sri Lanka hatte damals ein hochprofitables Monopol für das begehrte und teure Gewürz aus der Rinde von dort heimischen Cinnamon-Bäumen. Es galt in alten Zeiten als Geschenk für Könige und als Gabe für die Götter. Das Monopol ist längst Geschichte, aber Zimt wurde zu einem beliebten Sri-Lanka-Souvenir.

431 AB 11 UHR FRÜHSTÜCK MIT DEN AHNEN

Keelung. An den letzten beiden Augusttagen des Jahres zelebriert Taiwan Geisterstunden, das größte dieser Feste richtet die Stadt Keelung aus. Hintergrund ist der asiatische Volksglaube, dass im siebten Monat des Mondkalenders die Ahnengeister zu Besuch kommen. Nach der veranstaltungsreichen Nacht werden die Geister dann ab 6 Uhr an einem Altar mit einem Frühstück verabschiedet, ab 11 Uhr können die Lebenden verspeisen, was übrig blieb.

432 AUF EINEN KAFFEE INS KREMATORIUM

Taipeh. Im »Funeral Parlour Nr. 2«, einem Krematorium in Taiwans Hauptstadt Taipeh, verabschieden sich Angehörige auf besondere Art von ihren Lieben. Während der etwa anderthalbstündigen Einäscherung können sie in der Cafeteria einen Kaffee trinken. Die Kaffeemaschine und die Klimaanlage des Restaurants werden mit der Abwärme des Verbrennungsofens betrieben. Die Verwandten können die Urne danach mitnehmen.

433 PARADIES À LA ARMEE

Kinmen. Die taiwanesische Insel Kinmen, die unmittelbar vor dem chinesischen Festland liegt, war 1949 bis 1958 heftig umkämpft, Taiwan hatte dort bis zu 100 000 Soldaten stationiert. Für sie hatte die Armee ein »Special Tea House« eingerichtet, ein Bordell, vor dem die Männer mit ihren Tickets Schlange standen. Aus diesem »Militärparadies« ist ein Museum geworden, das die Geschichte des Puffs und der Insel präsentiert.

434 BLUBBERTEE

Taiwan. In den 1980er-Jahren hat Taiwan einen Beitrag zur kulinarischen Weltkultur geleistet: mit der Erfindung des *Bubble-Tea*. Der mit süßer Milch oder Fruchtsaft gemixte Schwarz- oder Grüntee wurde mit Tapioca-Kugeln versetzt. Später wurden sie durch ein Algenprodukt ersetzt; die »Perlen« zerplatzen im Mund. Der süße Tee ist in Asien noch immer beliebt.

435 Fettnäpfchen

Die Farbe Rot ist im chinesischen Kulturraum eigentlich ein Glückssymbol. Aber rote Tinte ist in Taiwan ein Tabu. Sie bringt Unglück, deshalb sollte man sie besser nicht verwenden – viele Taiwanesen meiden auch rote Kugelschreiber. Der Aberglaube soll einen realen Hintergrund haben: Einst sollen in den Gefängnissen die Namen der zum Tode Verurteilten mit roter Tinte notiert worden sein.

436 168 BUCHSTABEN FÜR BANGKOK

Bangkok. Der zeremonielle Name von Bangkok lautet: *Krung Thep Maha Nakhon Amon Rattanakosin Mahinthara Yutthaya Mahadilok Phop Noppharat Ratchathani Burirom Udom Ratchaniwet Maha Sathan Amon Phiman Awatan Sathit Sakkathattiya Witsanukam Prasit*. Meist wird der Name abgekürzt zu *Krung Thep*. 1989 machte die thailändische Rockgruppe Asanee-Wasan aus dem Langnamen einen Song. Der Name Bangkok wird nur international genutzt.

437 HEILIGER BUDDHA!

Bangkok. Der Smaragd-Buddha im nach ihm benannten Tempel Wat Phra Kaeo in Bangkok ist Thailands Nationalheiligtum. Ihm werden wunderwirkende Kräfte zugeschrieben, zum Beispiel individueller Wohlstand oder die Abwehr von Seuchen. Die Statue ist aber entgegen ihrem Namen nicht aus Smaragden geschnitten, sondern aus einem großen Jadeblock. Er wird nur wegen seiner grünen Farbe als »Smaragd-Buddha« bezeichnet.

Vorsicht, Zug! Die Verkäufer auf diesem Markt in Thailand stört das nicht (Nr. 438).

1227

438 EIN MARKT NACH FAHRPLAN

Samut Songkhram. Der »Dach-zurück-Markt« (*Talad Rom Hoob*) verdankt seinen Namen einer achtmal am Tag wiederholten Aktion: Nach einem Signal werden die Marktstände mit den Foliendächern zurückgezogen. Dann fährt ein Zug durch den Markt, nur Zentimeter an den Ständen vorbei und über passgenaue Warenkörbe zwischen den Gleisen hinweg.

439 EIN FEST FÜR DIE AFFEN

Lop Buri. Eine Affenfreude herrscht im November beim »Monkey Buffet Festival«, das die Lopburi-Provinz vor ihrem »Pra Prang Sam Yot«-Tempel ausrichtet. Dabei wird für die rund 600 Affen der Umgebung ein mächtiges Buffet aufgebaut, das vornehmlich aus Früchten besteht. Die Bewohner sagen, dies sei der Dank an die Affen, die Touristen in ihre Region locken. Inzwischen ist das Festival selbst die größte Attraktion.

440 Fettnäpfchen

Auch wenn viele Touristen nicht wissen, dass Thailand eine Monarchie ist, so wird der König von den Bürgern doch sehr verehrt. Ihn zu beleidigen gilt als Straftat, die geahndet wird. Da alle Geldscheine das Konterfei des Königs tragen, macht sich strafbar, wer auf dem Geld etwas notiert. Dasselbe gilt, wenn man – auch versehentlich – auf einen Schein am Boden tritt. Gespräche über das Königshaus sollte man daher auch besser meiden.

441 DAS FAMILIENGEFÄHRT

Vietnam. Das Land ist Mopedland, mehr als 10 Millionen der Krafträder sind in der 90-Millionen-Nation unterwegs. Es kommen also neun Vietnamesen auf ein Moped – und oft hat man den Eindruck, dass dies nicht nur eine statistische Zahl ist. Zumindest vier Personen – Vater, Mutter und zwei Kinder – sind nicht selten. Der stete Fluss der Mopeds ist zu einer Touristenattraktion geworden.

442 DREI TAGE FEIERLAUNE

Vietnam. *Têt Nguyên Dán*, meist nur *Tét* genannt, ist – nach dem Mondkalender – Vietnams Neujahr. Das wichtigste Fest des Landes findet zwischen dem 21. Januar und 21. Februar statt. Vor den drei Festtagen zahlt man traditionell seine Schulden zurück (Staatsschulden natürlich ausgenommen). Viele Familien errichten einen »Neujahrsbaum«, meist ein langes Bambusrohr oder Blütenzweige, die mit Origami geschmückt sind.

443 HÖHLEN-WELTREKORD

Phong-Nha-Ke-Bang-Nationalpark. Als Experten 2009 erstmals die 1991 entdeckte Hang-Son-Doong-Höhle im Norden Vietnams erforschten, waren sie begeistert: Sie konnten den Weltrekord der Hirschhöhle in Malaysia ablösen. Ihre Bergfluss-Höhle war viel größer: bis zu 200 Meter hoch, 90 Meter breit. Der Kölner Dom würde locker hineinpassen. An zwei Stellen ist die Decke eingestürzt, dort wächst in der Tiefe ein Urwald.

444 SCHNAPSLEICHEN ALS SOUVENIR

Vietnam. Wer hat ihn erfunden? Die Vietnamesen. Wer kopiert ihn? Halb Asien. Der »Schlangenwein«: Reiswein oder -schnaps mit eingelegter Giftschlange, einst nur als Medizin gepriesen, hat sich zu einem Toptouristensouvernir entwickelt – obwohl die Flaschen in vielen Ländern nicht eingeführt werden dürfen. Die Story, wonach eine Kobra in einer Flasche drei Monate überlebte und dann eine Frau biss, verdient viel Skepsis.

445 Fettnäpfchen

Wer in ein vietnamesisches Haus eingeladen wird, sollte wissen, dass das meist nur eine höfliche Geste ist, und unter Verweis auf andere Pflichten ablehnen. Erst die zweite Einladung ist als solche gedacht. Als Gast sollte man Essstäbchen außerdem nicht in die Reisschale stecken, denn das gilt – wie auch in anderen »Reisländern« – als Vorbote des Todes. Man kann diese aber auf den Tisch legen, Flecken gelten als Zeichen eines guten Mahles.

Die Weihnachtsinsel im Indischen Ozean gehört zu Australien und ist bekannt für ihre Krabben (Nr. 446).

OZEANIEN

446 HIER WEIHNACHTET ES ZWEIMAL

Kiribati. Navigatoren, aufgepasst! Christmas Island gibt es zweimal auf der Welt. Die Weihnachtsinsel im Indischen Ozean gehört zu Australien, jene im Pazifik zur Republik Kiribati, die aus einer Insel und 32 Korallenatollen besteht. Kiribati hat, der vielen Verwechslungen müde, sein Eiland in Kirimati umbenannt. Das bedeutet in der Landessprache schlicht: Christmas.

447 OSTWÄRTS ZUM MILLENNIUM

Kiribati. Der Inselstaat erstreckt sich als einziges Land der Erde über alle vier Hemisphären. Er gehört zu den größten Staaten der Erde und ist zugleich ein Kleinstaat mit nur 811 Quadratkilometern Landfläche. Die Gesamtfläche des Seegebiets beträgt aber 5,2 Millionen Quadratkilometer. Kiribati feierte eine denkwürdige Premiere: Es hat als erstes Land der Erde das Jahr 2000 begrüßt – nachdem es 1995 die Datumslinie ganz weit nach Osten verschoben hatte.

448 OSTERBRÄUCHE

Australien. Hasen sind rar in Australien, aber unbeliebt. Sie werden nämlich mit Kaninchen verwechselt, die Down Under wegen ihrer großen Anzahl verhasst sind. So kamen Naturschützer auf die Idee, den Osterhasen durch einen Einheimischen zu ersetzen: durch den vom Aussterben bedrohten Bilby. Das Beuteltier mit den großen Ohren ist ein Vetter von Känguru, Koala und Co. Dieses gibt es zur Osterzeit als Schoko-Bilby, ein Teil der Gewinne wird für den Erhalt der Art ausgegeben. In der Gunst der Käufer liegt der Osterhase jeodch noch vor dem australischen Oster-Bilby.

449 DAS GRÖSSTE KRIEGERDENKMAL DER WELT

Victoria. Die prächtige Great Ocean Road entlang der Küste südwestlich von Melbourne ist nicht nur eine der Touristenattraktionen Down Under. Mit 243 Kilometer Länge ist sie auch das größte Kriegerdenkmal der Welt, gewidmet Australiens Gefallenen im Ersten Weltkrieg. Die berühmte Straße wurde ab 1919 von heimgekehrten arbeitslosen Soldaten aus der Steilküste geschlagen.

450 ABFALLENTSORGUNG AUS DEM ALL

Western Australia. Die erste US-Weltallbasis endete mit folgender Nachricht in den Medien: »Skylab ist sicher im Südatlantik aufgeschlagen«, meldete 1979 Australiens Radio. Wenige Sekunden später rauschte das 75-Tonnen-Gerät über die Stadt Esperance hinweg und stürzte etwas weiter südöstlich ab. Skylab-Teile liegen seither im Museum von Esperance und der Landkreis sandte den USA einen Strafbescheid über 400 Dollar aufgrund von »Umweltverschmutzung«.

451 Fettnäpfchen

Ja, die »Aussies« sind meist gelassene und humorvolle Zeitgenossen. Und ja, die ersten weißen Siedler waren Strafgefangene. Aber Scherze ausländischer Touristen über diese Ahnengalerie nerven die Australier, zumal das »Mutterland«, Merry Old England, zwei Jahrhunderte lang genüsslich die Mär von den hinterwäldlerischen Knastis am anderen Ende der Welt verbreitete.

452 AUSFLUG NACH »MITTELERDE«

Matamata. Neuseeland trug früher stolz seinen Maori-Namen Aotearoa, »Land der langen weißen Wolke«. Heute ist es bekannter als Middle-earth, »Mittelerde«, nach den Tolkien-Romanen *Herr der Ringe* und *Hobbit*. Ihre Verfilmung brachte dem Land Millionen an neuen Tourismuseinnahmen und die Filmkulissen bei Matamata, als »Hobbiton« veredelt, sind eine Hauptattraktion. Ursprünglich sollten sie nach dem Dreh wieder abgebaut werden.

453 DIE ERSTEN SONNENSTRAHLEN DES TAGES

Gisborne. Im Südsommer ist der 1754 Meter hohe Mount Hikuranga Gisborne in Neuseeland Weltspitze: Dann sieht man auf dem Gipfel nämlich die ersten Sonnenstrahlen jedes Tages (zumindest, wenn man die weit abgelegenen neuseeländischen Chatham-Inseln ausblendet). Fidschi und Tonga liegen zwar näher an der Datumsgrenze im Pazifik, aber wegen der Neigung der Erdachse ist die Sommersonne in Neuseeland früher sichtbar.

454 DAS KLARSTE WASSER DER WELT

Nelson Lakes National Park. Der »Blue Lake« gilt mit einer Unterwassersichtweite von 70 bis 80 Metern als der klarste See der Welt. Das liegt zum einen an seiner Gebirgslage in 1200 Meter Höhe mit wenig Bäumen, zum anderen an dem zufließenden Wasser, das durch Geröll gefiltert wird. In dem – recht kalten – See darf weder gebadet noch getaucht werden, da er den Ureinwohnern, den Maoris, als heilig gilt.

455 OSTERBRÄUCHE

Neuseeland. Immer am Dienstag nach Ostern feiert Taihape in Neuseeland, die ironisch selbsternannte »Gumboot Capital of the World«, den Gummistiefel. Höhepunkt des Festprogramms ist der Gummistiefelweitwurf, Touristen können sich aber jeden Tag im Wurf mit dem wetterfesten Schuhwerk erproben. Ob es beim »Gumboot Day« bleibt, ist noch offen, da die ortsansässige Gummistiefelfabrik geschlossen wurde. Der riesige Stiefel, der die Besucher begrüßt, bleibt in jedem Fall.

456 ABFALL ALS BEIFALL

Palmerston North. Nach einem wohl unerfreulichen Gastspiel hatte der britische Komiker John Cleese (»Monty Python«) die Stadt als »Selbstmord-Kapitale Neuseelands« bezeichnet: Wer sich umbringen wolle, sei da richtig. Einige Monate später revanchierten sich die Bürger: Sie nannten ihre 42 Meter hohe Müllhalde »Mount Cleese«, das entsprechende Schild wurde zum beliebten Fotomotiv der Touristen.

457 BISMARCKS, WOHIN MAN BLICKT

Papua-Neuguinea. Die Bismarcks sind in Papua-Neuguinea, einst teilweise deutsche Kolonie, präsent – als Namenspaten: Das Bismarck-Archipel zählt 200 Inseln und liegt nördlich der Hauptinsel. Auf ihr ragt der nach Bismarck-Sohn Wilhelm benannte Mount Wilhelm mit 4509 Metern als höchster Berg des Landes auf. Umgeben ist er von seiner »Familie«: Ottoberg (für Papa und Reichskanzler) sowie Maria- und Herbertberg (Geschwister).

458 DEUTSCHE SPRACHE AM ÄQUATOR

Papua-Neuguinea. Papua-Neuguinea gilt als das Land mit der weltweit größten Sprachenvielfalt: die 7,3 Millionen Einwohner sprechen 830 verschiedene Sprachen. Um kommunizieren zu können, entwickelte sich das koloniale Tok Pisin (auch: Talk Pidgin), eine einfache Sprache aus englischen und einigen deutschen Worten. Im Bismarck-Archipel sprach man sogar »Unserdeutsch«, die einzige Pidgin-Sprache, die aus Deutsch entstand.

459 SCHWEINE ALS MAẞEINHEIT FÜR STATUS

Papua-Neuguinea. Wie viele Schweine kostet eine Frau? Das ist in Papua-Neuguinea Verhandlungssache: Je mehr ein Clan in die Ausbildung einer Tochter investiert hat, desto mehr *pigs* sind fällig, als Minimum gelten 15 Tiere. Aber nicht nur deshalb tummeln sich die Grunzer bisweilen sogar in den kleinen Städten im Landesinneren: Die Zahl der Schweine markiert den sozialen Status der Einwohner, auf den Spieß kommen sie nur zu hohen Festen.

Jungen in traditioneller Kleidung der Trobriand-Inseln – Weiße gelten hier als hässlich (Nr. 460).

460 KEINE CHANCE FÜR SEXTOURISTEN

Trobriand-Inseln. In den Dörfern der Trobriand-Inseln gibt es sie noch, die *bukumatula*-Hütten, in denen vornehmlich Teenager erste sexuelle Erfahrungen machen können. Entstehen dabei Babys, werden sie vom Clan aufgezogen. Alle Versuche der Missionare, dies zu ändern, scheiterten. In Zeiten von Aids preisen die Behörden aber Schutzmethoden. Weiße haben übrigens bei Trobriand-Frauen kaum Chancen, sie gelten als hässlich.

461 HIER LIEGT TAKA-TUKA-LAND

Tabar Island. Ephraim Langstrumpf ist, das wissen alle *Pippi-Langstrumpf*-Leser, Pippis Papa und König auf der Südseeinsel Taka-Tuka-Land. Die Autorin Astrid Lindgren war dabei inspiriert vom schwedischen Seemann Carl Emil Petterson, der sich 1904 nach Tabar Island retten konnte, als sein Schiff auf ein Riff lief. Er heiratete die örtliche Königstochter und wurde nach dem Tod seines Schwiegervaters selbst zum König.

462 TICKETPREISE NACH GEWICHT

Samoa. Wo leben, gemessen an der Einwohnerzahl, die meisten stark übergewichtigen Menschen? Nein, nicht in den USA, sie bringen es »nur« auf Rang 6 (34 Prozent). Andererseits gehört das mit 75 Prozent erstplatzierte Land, American Samoa, ja irgendwie zu den USA. Samoa ist der Südseenachbar von American Samoa und dürfte ähnlich übergewichtig sein. Dort berechnet Samoa Air die Flugpreise nach Körpergewicht zuzüglich dem Gepäck.

463 IMMER WIEDER EIN NEUER TAG

Samoa. Ursprünglich lag Samoa östlich der Datumsgrenze, die mitten durch den Pazifik verläuft. Samoa gehörte somit zu den Ländern, die als erste den neuen Tag begrüßten. Weil das aber unpraktisch für den Handel mit den Vereinigten Staaten war, wechselte Samoa 1892 hinüber in den »alten Tag«. Inzwischen haben sich die Handelsströme nach Osten gewendet, 2011 ließ Samoa den 30. Dezember ausfallen und wechselte zurück in Richtung »neuer Tag«.

464 HEIMAT DES SCHATZINSEL-ERFINDERS

Apia. Gewiss, Samoa hat, wie andere Südseeinseln auch, schöne Landschaften und Strände. Aber die größte Attraktion des Inselstaates ist ein dort verstorbener weltberühmter Schotte: Robert Louis Stevenson. Dem Autor der *Schatzinsel* verliehen die Samoaner den Ehrentitel *Tusitala* (»Geschichtenerzähler«). *Vailima*, sein großes Haus oberhalb der Hauptstadt Apia, ist heute eines der populärsten Museen Polynesiens.

465 PYRAMIDE IN DER SÜDSEE

Savai'i. Zugegeben, an Cheops & Co. reicht Samoas »Star-Pyramide« auf der Insel Savai'i nicht ganz heran, weder in der Höhe (bis zu 12 Meter) noch im Alter (errichtet zwischen 1100 und 1400). Auch die Grundfläche (60 mal 65 Meter) ist, verglichen mit den ägyptischen Giganten, bescheiden. Aber die auch *Pulemolei Mound* genannte Basalt-Pyramide ist die größte und älteste in Polynesien. Der Zweck der Pyramide ist unbekannt.

466 »REGEN« FÜR HOLLYWOOD

Pago Pago. Die Hauptstadt von American Samoa verdankt ihre »Filmkarriere« einem Besuch des Autors Somerset Maugham in den 1920er-Jahren. Er ließ danach seine Kurzgeschichte *Rain* auf der Insel spielen. Die Story von der Hure und dem Prediger war ein Bühnenerfolg und wurde dreimal verfilmt: einmal mit Gloria Swanson (1928), danach mit Joan Crawford (1932) und schließlich mit Rita Hayworth (1953). Hallo Hollywood, wie wär's mal wieder?

467 HIER IST MAN STEINREICH

Yap. Die Insel in den Föderierten Staaten von Mikronesien fehlt in keiner Geschichte des Geldes, hat sie doch einzigartige »Münzen«: Es handelt sich dabei um Steinscheiben mit Durchmessern von 7 bis 360 Zentimetern. Ihr Wert richtet sich nicht nur nach ihrer Größe, sondern auch nach der Historie des Steines, der nach einem Besitzerwechsel am gleichen Ort bleibt. Das Steingeld dient außerdem als Mitgift oder zu anderen traditionellen Zwecken.

Steinreich sind die Einwohner Mikronesiens. Diese großen Steinscheiben dienen dort noch immer als »Münzen« (Nr. 467).

468 DIE ETWAS ANDEREN TV-GEBÜHREN

Tuvalu. Als Ende der 1980er-Jahre die »Domain-Kürzel« für Internetadressen verteilt wurden, erhielt der Inselstaat Tuvalu die Endung ».tv«. Weil die zwei Buchstaben in der Unterhaltungsbranche begehrt sind, konnten die armen Atolle sie für zwölf Jahre und 50 Millionen US-Dollar vermieten. Auch der Anschlussvertrag bringt jährlich Millionen – aber trotz dieser lukrativen Geschäftsidee sind die 11 000 Tuvaluer auf internationale Entwicklungshilfe angewiesen.

469 MICKY-MAUS-MONEY

Niue. Auch die Insel Niue macht mit ihrem Internet-Kürzel ».nu« Kasse, vor allem bei Erotikanbietern in französischsprachigen Ländern: *nu* bedeutet dort nackt. Dazu passt, dass die Koralleninsel die »erste WiFi-Nation der Welt« mit Gratisinternet (siehe Internetadresse) ist. Niue versucht auch, mit ungewöhnlichen Münzen bekannt zu werden und Geld zu verdienen: Diese zeigen etwa Donald Duck oder Figuren aus *Star Wars* und *Dr. Who*.

470 FRUST OHNE MIST

Nauru. Dank Vogelmistdünger noch 1968 das reichste Land der Erde, ist Nauru heute, nach Ende der Guano-Vorräte, auf internationale Hilfe angewiesen. Seit die Fluglinie pleite ist, kommen nur noch wenige Touristen. Immerhin, Nauru zeigt Unkundigen auf seiner Flagge, wo die Insel liegt: Ein Goldstreifen durchzieht das blaue Feld (oben: Himmel, unten: Pazifik) und ein großer weißer Stern markiert die Lage der Insel.

471 EINE INSEL, DIE AUS DER SÜDSEE STIEG

Tonga. 2019 war es wieder einmal so weit: Tonga hat eine neue Insel bekommen. Ein unterseeischer Vulkan schuf das etwa 400 Meter lange und 100 Meter breite Eiland. Zugleich hat er eine benachbarte, ebenfalls noch junge Insel wieder verschwinden lassen. Ein Dauerprogramm im letzten Königreich der Südsee. Die Zahl der Inseln ist immer nur eine Momentaufnahme. Deshalb bleibt es in der offiziellen Statistik auch weiterhin bei über 170 Inseln und Atollen. Doch tief unter Tonga brodelt es weiter …

472 SELBSTKLEBENDE BANANEN

Tonga. Die Briefmarken des Königreichs erfreuen sich als Souvenir gesteigerter globaler Beliebtheit, seit sie in den 1960er-Jahren »selbstklebend« wurden – eine Innovation, um deren »Geburtsrecht« Tonga mit Sierra Leone (Westafrika) streitet. Tongas Briefmarken in Bananenform, Wert jeweils nur 1 Seniti, waren 1969 ein philatelistischer Welterfolg.

473 EHRERBIETIGE HÜFTMATTE

Tonga. Sie fallen auf, die Matten, die viele Männer und einige Frauen um ihre Hüften geschlungen haben: Kein Tonganer würde es wagen, zu wichtigen Anlässen ohne einen *ta'ovala* zu erscheinen – Zeichen des Respekts gegenüber König und Mitbürgern. Bisweilen sieht man total zerschlissene Matten (meist aus *Pandanus*, Schraubenpalme) dabei handelt es sich um verehrte Erbstücke, die schon lange im Besitz der jeweiligen Familien sind.

474 SONNTAGS NIE

Nuku'alofa. Montag, 0.01 Uhr, das war früher in Nuku'alofa ein beliebter Treff zur Mitternachtssoiree im Kino. Dann nämlich war die strikte Sonntagsruhe vorüber, die in Tonga mehr als in jedem anderen christlichen Land geheiligt wurde und immer noch wird. Sonntags ist jegliche kommerzielle Tätigkeit, aber auch Angeln oder Schwimmen verboten. Die raren Ausnahmen, etwa für Bäckereien oder Hotels, müssen von offizieller Seite genehmigt werden.

475 Fettnäpfchen

Das Königreich Tonga ist ein konservatives und religiöses Land, deshalb ist es beispielsweise verpönt, zu viel Haut zu zeigen. »Oben ohne« ist ein absolutes No-Go, auch für Männer. Tongas Polizei soll schon männliche Kreuzfahrttouristen in der kleinen Hauptstadt Nuku'alofa dafür in die Zelle gesteckt haben, bis ihr Dampfer zum Auslaufen bereit war. Kurze Hosen an Männerbeinen sind – außer sonntags – in Ordnung, die Hosen sollten aber möglichst die Knie bedecken.

Rosa Flamingos – so weit das Auge reicht – in Kenias Nakuru-See. Die Federfarbe der Tiere stammt von kleinen Krebsen, die die Flamingos dort fischen (Nr. 494).

AFRIKA

476 TERRORANSCHLAG AUF DIE SPHINX

Gizeh. Islamistischer Terror ist ein Zeichen unserer Zeit? Mitnichten. 1378 schlug der Muslim-Fanatiker Mohammed Saim el-Dar der Sphinx von Gizeh die Nase ab. Eine wütende Menge lynchte ihn damals. Asterixologen müssen also einräumen: Es war doch nicht der kletternde Obelix, dessen Körpergewicht das Riechorgan der steinernen Gestalt nicht standhielt wie im Comic *Asterix und Kleopatra*. Bleibt nur noch die Frage, wozu die Sphinx eigentlich diente.

477 ROYALISTISCHER DENKMALSCHÄNDER

Gizeh. Beim einstigen Eingang zur Cheops-Pyramide sind Hieroglyphen eingemeißelt, die vor allem deutsche Kundige dieser Bilderschrift erstaunt: »So sprechen die Diener des Königs, des Name Sonne und Fels Preußens ist«. Und weiter: »… dem Landesvater, dem Hüter des Rheinstroms«. Und so fort. So dankte Forscher Carl Lepsius 1842 seinem Mäzen, König Friedrich Wilhelm IV. Kompliment: Schleim und Frevel zugleich.

478 WER HAT DENN NUN DIE GRÖßTE?

Gizeh/Cholula de Rivadabia. Ist die Cheops-Pyramide die weltgrößte ihrer Art? Das kommt darauf an. Misst man ihre Höhe, 139 Meter, gebührt ihr die Siegespalme. Nimmt man aber die Grundfläche oder das Volumen zum Maßstab, ist die Tepanapa-Pyramide bei Cholula de Rivadabia in Mexiko deutlich größer. Ihre Seitenlängen betragen 450 Meter, ihr Rauminhalt 4,45 Millionen Kubikmeter – gut 1 Million mehr als in der ägyptischen Cheops-Pyramide.

479 GLÜCK GEHABT, AMERIKA

Kairo/New York. Wäre der ägyptische Vizekönig Ismail Pascha nicht so knickerig gewesen, stünde die New Yorker Freiheitsstatue heute am Suezkanal. Der Bildhauer Frédéric Auguste Bartholdi (1834–1904) fand die Idee eines Bekannten, den USA ein Symbol der Freiheit zu schenken, sehr gut, versprach sich jedoch in Kairo mehr Geld. Daran mangelte es dort aber inzwischen und so gelangte »Lady Liberty« doch in die Neue Welt.

480 *AIDA* MIT VERSPÄTUNG

Suezkanal/Kairo. Der italienische Komponist Giuseppe Verdi hatte entgegen einem verbreiteten Glauben keinen Auftrag angenommen, zur Eröffnung des Suezkanals die Oper *Aida* zu schreiben. Der Kanal und Kairos neues Opernhaus wurden 1869 planmäßig mit seinem *Rigoletto* eröffnet – es handelte sich dabei aber um keine Uraufführung. Eine solche erlebten Kairo und *Aida* erst am 24. Dezember 1871, nachdem Kostüme und Kulissen infolge des Deutsch-Französischen Krieges monatelang im von Preußen belagerten Paris festsaßen.

481 DAS JAHR HAT 13 MONATE

Äthiopien. Hier zählt das Jahr 13 Monate, die ersten zwölf haben jeweils 30 Tage, der 13. Monat hat entweder fünf oder sechs Tage. Das entspricht dem – nach Julius Cäsar benannten – Julianischen Kalender. Die meisten Länder der Welt benutzen den Gregorianischen Kalender mit 12 Monaten. Äthiopien liegt damit kalendarisch 7 Jahre und etwa 9 Monate zurück.

482 DIE BUNDESLADE STEHT IN ÄTHIOPIEN

Aksum. Die Bundeslade, der Schrein, in dem laut Bibel die Steintafeln mit den Zehn Geboten aufbewahrt werden, befindet sich nach äthiopischer Überlieferung in der Kirche der Heiligen Maria von Zion in der ebenfalls heiligen Stadt Aksum. Die Reliquie ist nur für einen Wächtermönch zugänglich. Obwohl sonst kein Lebender weiß, wie die »äthiopische Bundeslade« aussieht, gibt es im Land zahlreiche »Kopien« für rituelle Zwecke.

483 HEIL DEM HAILE

Shashemene. Ras Tafari (»Prinz Tafari«) war der (abgekürzte) Name des äthiopischen Kaisers Haile Selassie (1892–1975). Ihn verehrte in den 1930er-Jahren eine Glaubensgemeinde auf Jamaika als zurückgekehrten Messias. Die »Rastafaris«, in Jamaika eine Minderheit, haben sich über die ganze Welt verbreitet. Einige sind nach Shashemene in das »gelobte Land« Äthiopien umgesiedelt, wo ihnen der Kaiser 1948 Land geschenkt hatte.

484 DIE TANZENDE ZIEGE, DIE DEN KAFFEE ERFAND

Kaffa. Etwa 2,5 Milliarden Tassen Kaffee werden täglich getrunken. Daran soll eine Ziege im Königreich Kaffa schuld sein. Ihr Hirte beobachtete, wie sie eine wilde Kaffeebohne fraß und danach tanzte. Kaffa ist längst Teil Äthiopiens und Kaffee wurde via Arabien zum globalen Genuss. Nun schließt sich der Kreis: Ein deutscher Kaufmann vertreibt heute äthiopischen Wildkaffee und schützt so die Wälder, in denen er wächst.

485 Fettnäpfchen

Wer sich in Äthiopien mit Uhrzeit verabredet, sollte darauf achten, ob es sich um äthiopische oder »westliche« Zeit handelt. Der Tag beginnt um 12 Uhr (westlich: 6 Uhr). Und Mitternacht ist in Äthiopien folglich 6 Uhr. Privat und in vielen Restaurants ist es üblich, dass mit der Hand und ohne Besteck gegessen wird. Das weiche Fladenbrot »ersetzt« dabei die Gabel, man greift mit ihm nach Fleisch oder Gemüse. Vorher gut die Hände waschen!

486 GLÜCKSELIGE INSELN

Makaronesien. »Makronesien« ist ein häufiger geografischer Fehler, ein falscher Name für ein Inselarchipel, das irgendwo neben Mikronesien in der Südsee vermutet wird. Alles falsch. Makronesien müsste »Makaronesien« heißen, was »gesegnete Inseln« bedeutet. Sie liegen nahe Afrika im Atlantik und setzen sich aus vier Archipelen zusammen, von den Azoren im Norden über Madeira und die Kanaren bis zu den Kapverden im Süden.

487 SAHARA IM ATLANTIK

Kapverden. Geografisch sind die Kapverdischen Inseln kein Teil Afrikas, liegen sie doch mehr als 300 Kilometer jenseits des Kontinentalsockels. Aber dennoch wirken die Eilande oft wie ein Außenposten der Sahara, wenn der *Harmattandry*, der kräftige Wind aus der Wüste, über die Landflecken hinwegfegt. Sand legt sich dann über das von Ziegen und Winderosion malträtierte Land, das ohnehin oft unter Trockenheit leidet.

488 EINST TANKSTOPP, HEUTE URLAUBSPARADIES

Sal. Zu Dampferzeiten waren die im Südatlantik gelegenen Kapverden ein wichtiger Stopp auf den Routen zwischen Europa und Südamerika: Hier wurde Kohle für die Weiterreise gebunkert. In der Epoche des Flugverkehrs vor den Jets dienten die Inseln als Tankstopp – deshalb hatte Italiens damaliger Diktator Benito Mussolini auf der Insel Sal einen Flughafen bauen lassen. Heute steuern fast nur noch Urlaubs-Charterflieger Sal an.

489 IN SACHEN TREUE EHER SALOPP

Kapverden. 98 Prozent aller Kapverdier sind Katholiken, so finden sich viele Kirchen auf den Inseln. Aber die sind nur zu Patronatstagen oder Beerdigungen richtig voll, die Insulaner sind kirchlich meist nicht aktiv. Deutlich wird dies in Sachen »Ehestand«, der in der Regel weder geistlich noch staatlich besiegelt wird. Und den männlichen Kapverdiern sagt man auch eine recht lockere Auslegung der ehelichen Treue nach.

490 Fettnäpfchen

Auf den Kapverden gilt es als unhöflich, zu essen, ohne etwas abzugeben. Somit futtert man nicht auf Gassen oder im Bus. Wer aber privat eingeladen wird, kann selbst bei armen Familien damit rechnen, dass ihm etwas vorgesetzt wird. Dies ist in der Regel das Nationalgericht *Cachupa*, ein Eintopf aus Maismehl, Bohnen, Gemüse und, wenn vorhanden, Hühner- oder Schweinefleisch. Eine Eigenart der Kapverdier sind außerdem lange Begrüßungen.

491 EIN NEUES MEER FÜR KENIA?

Kenia. Das Land ist berühmt für seine Strände am Indischen Ozean. Viele Wissenschaftler glauben, das Land könne bald – in vielleicht 10 Millionen Jahren – auch Meeresstrände im Landesinneren besitzen. Grund ist der Ostafrikanische Graben, der sich durch einen großen Teil des Kontinents zieht und immer noch vulkanisch aktiv ist. Wenn sich der Riss in der Erdkruste weiter vertieft, könnte dort Meerwasser einfließen.

492 EIN PARK MIT TOR ZUR HÖLLE

Hell's Gate National Park. Wer das Tor zur Hölle sucht, ist richtig im Süden Kenias: Hell's Gate wurde im 19. Jahrhundert vom deutschen Afrikaforscher Gustav Adolf Fischer erforscht und ist ein Engpass im Ostafrikanischen Graben, in dem Asche aus dem nahen Longonot-Vulkan liegt. Das »Höllentor« ist der Boden eines prähistorischen Sees, an dem die Vorfahren der heutigen Menschheit lebten. Das Tal und der Vulkan sind separate Nationalparks.

493 FÜNF BUCHSTABEN – DREI LÄNDER

Kenia. Kenias internationales Autokennzeichen ist für Rätselfreunde eine harte Nuss. Wie sollte man auf EAK kommen? Das ist die Abkürzung von East Africa Kenya (»Ost-Afrika Kenia«). Hintergrund des ungewöhnlichen Kürzels ist ein Abkommen der drei ostafrikanischen Nachbarstaaten Kenia, Tansania und Uganda im Rahmen der Ostafrikanischen Gemeinschaft (EAC). Die Kürzel für Tansania und Uganda sind folglich EAT und EAU.

494 HAUPTSTADT DER FLAMINGOS – UND DER DIEBE

Nakuru. Kenias viertgrößte Stadt ist berühmt für seinen gleichnamigen, stark sodahaltigen See und dessen unzählige Flamingos. Die bis zu 2 Millionen Vögel dort bilden einen rosafarbenen Rand des Sees, wenn sie im seichten Ufer nach Algen und kleinen Krebsen fischen, die das Gefieder der eigentlich weißen Vögel einfärben. Nakuru hat in Kenia überdies den zweifelhaften Titel »Hauptstadt der Diebe«.

495 IRRSINN AUF RÄDERN

Nairobi/Mombasa. Die »Lunatic Railway« zwischen Nairobi und Mombasa war 1895–1899 von der britischen Kolonialregierung errichtet worden und erhielt wegen der hohen Kosten und der rund 1200 Toten während der Bauarbeiten den Beinamen »Wahnsinnsbahn«. Von Chinesen finanziert und neu gebaut, wurde die 100 Kilometer lange Trasse 2017 wieder eröffnet. Heute entlasten die Züge den chronisch verstopften Highway zwischen Nairobi und Mombasa.

496 DIE WANDERINSEL

Madagaskar. Die Insel hat einst zwei Kontinenten angehört. Vor 100 Millionen Jahren trennte sie sich von Afrika, vor 90 Millionen von Indien. Heute liegt die viertgrößte Insel der Welt vor Ostafrika. In der langen Isolation hat sich eine spezielle Fauna entwickelt: Rund 80 Prozent aller Tiere gibt es nur auf Madagaskar. Das animierte Hollywood zu seinem Trickfilm *Madagascar*, der bislang zwei Fortsetzungen hatte.

497 AHNEN, DIE FREMDGEHEN

Madagaskar. Die Wappentiere der Insel sind die Lemuren, eine dem Menschen verwandte Primatenart, die vielen der 22 Millionen Einwohner heilig sind: Sie verkörpern ihre wiedergeborenen Ahnen. Lemuren wählen Partner fürs Leben, Lemuren-Weibchen gehen aber mit starken Männchen notorisch fremd und optimieren so die Gene ihres Nachwuchses. Es gibt sie in rund 100 Arten, viele von ihnen stehen jedoch auf der Liste der bedrohten Tierarten.

Heilig in Madagaskar sind die Wappentiere des Landes, die Lemuren (Nr. 497).

Kommt Ihnen diese Nuss bekannt vor (Nr. 500)?

498 DIE WERTVOLLSTE BRIEFMARKE DER WELT

Mauritius. Die Ferieninsel wurde vor allem durch die »Blaue Mauritius« berühmt, eine seltene Briefmarke, die es auch in oranger Farbe gibt. Beide erzielen auf Auktionen Millionenbeträge. Das Blue Penny Museum in der Hauptstadt Port Louis zeigt beide Marken, aber nur für 10 Minuten pro Stunde, um sie zu schützen. 16 Firmen in Mauritius ersteigerten die Originale 1993 für 2,2 Millionen US-Dollar.

499 SCHON MAL MILLIONÄRSSALAT PROBIERT?

Mauritius. Auf Mauritius gibt es einen kulinarischen Mythos: den »Millionärssalat«. Schlichter gesagt: ein »Palmenherzensalat«. Palmenherzen sind die zarten Bündel, aus denen später die Palmblätter wachsen. Und wenn man solch ein Herz entfernt, ist, so sagt man in der Küche, die Palme tot und muss gefällt werden. Das können sich nur Millionäre leisten. Und wo, fragt man sich dann, kommen die ganzen Palmenherzen in den Supermärkten her?

500 MENSCHLICHES AN SEYCHELLEN-PALME

Seychellen. Auf den Seychellen, und nur dort, wächst eine sagenumwobene Palme mit der größten Nuss im Pflanzenreich, der *Coco de Mer*. Diese bis zu 45 Kilo schwere Frucht erinnert an einen weiblichen Unterkörper, was einst die Fantasie der Seeleute entfachte. Die Nüsse dürfen nur mit Genehmigung ausgeführt werden. Die männlichen Bäume der Seychellen-Palme tragen Blütenstände, die assoziativ recht maskulin wirken.

501 REKORDVERDÄCHTIG UND ZUM HIMMEL OFFEN

Casablanca. Die im Jahr 1993 eingeweihte »Hassan II.-Moschee« im marokkanischen Casablanca ist zwar nur das siebtgrößte muslimische Gotteshaus, aber sein Minarett überragt mit 210 Metern alle anderen Moscheetürme. Und nicht nur das: Es ist außerdem der höchste Turm eines Sakralbaus weltweit und übertrifft die welthöchste Turmspitze des Christentums, die des Ulmer Münsters, um 50 Meter. Das Dach der Moschee kann großenteils geöffnet werden.

502 CASABLANCA GANZ OHNE CASABLANCA

Casablanca. Der weltberühmte Liebesfilm *Casablanca* wurde aus Budget- und Kriegsgründen nicht in der Stadt Casablanca, sondern fast ausschließlich in Hollywood-Studios gedreht. Immerhin, die Kulissen für »Rick's Café« waren dem Hotel »El Minzah« in Tanger nachempfunden. Das heutige »Rick's Café« in Casablanca hat wiederum die Hollywood-Kulisse zum Vorbild.

503 MOULAY ALS MEKKA-ERSATZ

Moulay Idris. Marokkos »religiöses Herz«, die Kleinstadt Moulay Idris, ist in Europa kaum bekannt. Das mag daran liegen, dass Nichtmuslime sie bis ins 20. Jahrhundert hinein nicht betreten durften, da sich in der »heiligen Stadt« das Grabmal des Staatsgründers Idris I. befindet. Er brachte um 788 den Islam nach Marokko. Für arme Marokkaner können Pilgerreisen nach Moulay Idris eine teure *hadj*, eine Pilgerfahrt nach Mekka, ersetzen.

504 EDLES GEHÖLZ

Marokko. An den Hängen des Atlas wächst die Berber-Thuja, aus deren wertvollem Holz einst das Armaturenbrett für die Edelautos von Rolls Royce gefertigt wurde. In guten Souvenirläden in Marokko werden vor allem Schachteln aus Thuja angeboten, wegen der hohen Preise sind aber auch Imitationen auf dem Markt. Der Thuja-Baum gilt als gefährdet.

505 Fettnäpfchen

Wo endet in Marokko das Trinkgeld, wo beginnt die Korruption? Selbst ein großer deutscher Reiseveranstalter empfiehlt: »Kommen Sie mal nicht weiter, dann kann einem ein Trinkgeld viele Türen öffnen, selbst bei Behörden.« Marokko ist nicht nur geografisch das westlichste Land Nordafrikas, es ist auch kulturell das »westlichste« muslimische Land Afrikas. Dennoch gilt es, in religiösen Fragen und im Umgang mit Frauen zurückhaltend zu sein.

506 NIX EIFFEL, ABER SCHÖN

Maputo. Der größte Bahnhof der Stadt in Mosambik gilt als einer der schönsten der Welt und trägt einen stattlichen (portugiesischen) Namen: Estação do Caminho de Ferro de Maputo. Portugiesische Architekten bauten die 1910 eröffnete Station, die Stuckfassade entwarf Mitbesitzer Pietro Bucellato. Dass der Franzose Gustave Eiffel der Erbauer gewesen sei, ist eine hartnäckige Legende.

507 EINE WAHRE RÖSTLAUBE

Paris/Maputo. Gustave Eiffel hat im Jahr 1892 in Paris das »Eisenhaus« (*Casa do Ferro*) entwickelt, das, zerlegt und in Maputo wieder aufgebaut, als Residenz des Gouverneurs dienen sollte. Dazu kam es aber nie, denn im tropischen Klima von Mosambik wurde es natürlich viel zu heiß in dem Stahlgehäuse. Das Haus beherbergt heute mehrere Museumsbüros und kann teilweise besichtigt werden. Der Eiffelturm-Erbauer war selbst übrigens nie in Maputo.

508 WALLANDERS »VATER« MACHT HIER THEATER

Maputo. Wer eine Inszenierung von Henning Mankell (1948–2015) erleben möchte, ist in Maputo richtig: Der schwedische Erfinder der *Wallander*-Krimis (und Verfasser vieler anderer Romane) war Ko-Intendant, Autor und gelegentlich Regisseur des dortigen Teatro Avenida. Mit dem gelernten Theatermann Mankell, der stets die Hälfte des Jahres in seiner zweiten Heimat Mosambik verbrachte, ist die professionelle Truppe zu internationalem Ruhm gelangt.

509 TANZEN WIE TOFO TOFO

Maputo. Bisweilen kann man sie in Maputo hören und sehen, die einheimischen *Tofo Tofo Dancers*, die 2011 von Beyoncé in die USA eingeladen wurden, um die Tänzer des Popstars für »Run The World (Girls)« zu schulen. Song und Video wurden ein großer Erfolg für die Sängerin. Die *Tofo-Tofo*-Truppe bedient sich kaum der reichen mosambikanischen Tanzkultur, sie mischt *Kwaito*-Musik und *Pantsula*-Tanz, beides aus Südafrika.

510 Fettnäpfchen

Religion und Kirche sind in den meisten Ländern keine guten Themen für Ausländer. Das gilt auch im meist glaubenstoleranten Mosambik unter dem speziellen Aspekt des weithin gelebten Animismus (eine spirituell-religiöse Vorstellung von der Natur). Auch gläubige Christen und Muslims folgen häufig solchen Riten, deshalb sollte man sich über den vermeintlichen »Heidenglauben« nicht abfällig äußern. Begrüßungen fallen in Mosambik oft ausschweifend aus, üblich sind Fragen nach der Gesundheit der Familie.

511 SCHNELLER ALS EIN FERRARI

Otjiwarongo. Nirgends auf der Welt gibt es mehr Geparden als in Namibia. Die dort *cheetahs* genannten Raubkatzen werden auf 2000 bis 3000 geschätzt, es sind zu Lande die schnellsten Tiere, in gut 3 Sekunden sind sie auf Tempo 110. Geparden sind die am stärksten bedrohte Großkatzenart Afrikas. Der Cheetah Conservation Fund will die Tiere erhalten.

512 RINDERBRATEN IM ATLANTIK?

Roastbeef/Plumpudding. Britischer geht es kaum. Doch die kleinen Inseln dieses Namens liegen in der Pinguin-Gruppe vor der Küste Namibias. Einst wurde auf ihnen Guano (Dünger aus Vogelkot) abgebaut, heute sind sie unbewohnt. Plumpudding Island hat im Gegensatz zu Roastbeef Island (offiziell: Sinclair) zwei ebenfalls unbewohnte Namensvettern: in Australien und im pazifischen Salomonen-Archipel.

513 DER GRÖßTE UNTERIRDISCHE SEE

Otavi-Berge. Der größte unterirdische See der Welt liegt in 66 Metern Tiefe in der Drachenhauchhöhle in den Otavi-Bergen. Der See hat eine Fläche von gut 2,6 Hektar, er ist 84 Meter tief. Die Höhle wurde 1986 entdeckt, ihren Namen verdankt sie bisweilen austretenden Dampfschwaden. Touren dorthin kann die Ghaub-Gästefarm organisieren. Die ehemalige deutsche Missionsstation hat auch eine große Schauhöhle auf ihrem Gelände.

514 RÄTSELHAFTES UNTER WASSER

Otjikotosee. Der See, ein Sinkloch in der Nähe der Bergbaustadt Tsumeb, ist mindestens 75 Meter tief, birgt viel Kriegsgerät, das deutsche Kolonialtruppen 1915 hier versenkten, und gibt den Forschern Rätsel auf. Er ist nämlich neben dem 15 Kilometer entfernten Guinasee der einzige in Namibia, der ganzjährig Wasser hat. Eine berechtigte Theorie: Gibt es zwischen den Seen oder sogar bis in den Etosha-Nationalpark unterirdische Kanäle?

515 WÜSTE KÜSTE

Skeleton Coast. Das ist wahrlich kein einladender, aber ein passender Name für einen Küstenstreifen im Norden Namibias. Die meisten »Skelette« stammen zwar von gestrandeten Schiffen, aber immer wieder finden sich ausgebleichte Walknochen, manchmal auch Skelette angespülter Ertrunkener. Hier trifft die älteste Wüste der Welt, die Namib (80 Millionen Jahre), auf kalte, starke Strömungen des nebelreichen Atlantiks.

516 KOMMT EIN ELEFANT IN DIE HOTEL-LOBBY

South Luangwa National Park. Immer im Oktober und November hat die »Mfuwe Lodge« in Sambia gewichtige Gäste – sie bringen bis zu 4000 Kilogramm auf die Fliesen der Rezeption. Die Elefantenfamilie trottet dann nahezu täglich und friedlich durch die Hotelhalle zu den Wildmango-Bäumen im Garten, speist und schaukelt auf demselben Weg zurück. Wie das halt so ist, wenn man ein Hotel mitten auf einen Jumbo-Pfad baut.

517 BADEN IN DER TEUFELSWANNE

Victoriafälle. Durch die gewaltigen Fälle verläuft die Grenze zwischen Sambia und Simbabwe. Aber nur auf der sambischen Seite kann man etwas Einmaliges erleben: Ein Bad unmittelbar an der Kante des rund 100 Meter hohen Wasserfalls, im »Devil's Pool«. Von September bis Dezember führt der Sambesi weniger Wasser, dann kann man von Livingstone's Island zu dem natürlichen Becken im Fels hinüberschwimmen.

518 VORSICHT, FLUSSGOTT!

Lake Kariba. In diesem Sambesi-Stausee an der Grenze von Simbabwe und Sambia soll *Nyaminyami*, ein Schlangenmonster, leben. Viele Einheimische schrieben die ungewöhnlichen Naturkatastrophen während der Bauzeit des Kariba-Damms in den 1950er-Jahren dem Zorn des Flussgottes zu, denn die 128-Meter-Mauer hat ihn von seiner Frau getrennt. Und wenn die Erde bebt im Sambesi-Tal, dann wissen alle: Der Flussgott windet sich.

519 ALTTESTAMENTARISCHER IRRTUM

Simbabwe. Simbabwe gilt als das Land, das im Alten Testament der Bibel »Ophir« genannt wurde und dessen Gold und Diamanten König Salomon unendlich reich machten. Die Diamantenminen des Cecil Rhodes, nachdem das koloniale Rhodesien, das heutige Simbabwe, benannt wurde, schienen die damalige »weiße« Staatsideologie zu bestätigen. Aber Forscher haben inzwischen abgewunken – die Suche nach Ophir kann weitergehen.

520 MISS MEDIZINFRAU

Simbabwe. Medizinmänner, in vielen Ländern Afrikas *N'anga* genannt, sind keine Folklore in Simbabwe. Ihre heilenden und auch religiösen Dienste sind weiterhin gefragt. Sie sind sogar in einer Zimbabwe National Traditional Healers Association organisiert. Prominentes Mitglied ist Nomusa Ndiweni, eine ehemalige Miss Zimbabwe, die ihre Karriere auf den Laufstegen der Modewelt beendete, um sich zur *N'anga* schulen zu lassen.

521 FLOTTES QUARTETT DER LANDTIERE

Südafrika. Die »Big Five« (Elefant, Löwe, Leopard, Nashorn und Büffel) sucht jeder Safari-Tourist. Weniger bekannt ist, dass man hier auch vier der fünf schnellsten Landtiere beobachten kann. Vorweg den Weltrekordhalter, den Gepard (98 km/h). Nr. 2 ist die amerikanische Pronghorn-Gazelle (97 km/h), es folgen der Löwe (80 km/h) und schließlich die Gazellen, darunter Wildebeest und Springbock.

522 FALSCHES KAP

Kapstadt. Südafrikas zweitgrößte Stadt liegt unweit des Kaps der Guten Hoffnung. Die Metropole wirbt deshalb gerne mit dem Slogan »einzige Stadt auf der Welt, die an zwei Ozeanen liegt«. Schön, aber leider falsch: Atlantik und Indischer Ozean treffen rund 200 Kilometer weiter südöstlich am Cape Agulhas zusammen, am echten südlichsten Punkt des afrikanischen Festlands.

523 BESONDERE BETTEN FÜR BÄREN UND BEATLES

Kapstadt. Das Hotel »Grand Daddy« in Kapstadt bietet Einmaliges: Camping auf dem Dach. Dort stehen sieben amerikanische Airstream-Caravans, die wie kleine silberne Zeppeline wirken. Sie wurden von einheimischen Künstlern gestaltet, etwa als »Ballade von John und Yoko«, ein Beatles-Kuschelnest. Im »Goldlöckchen« hängen Kostüme (mit Bären-Dress) fürs Märchenspiel.

524 DAS GROßE DIAMANTENLOCH

Kimberley. Das *Big Hole* bei Kimberley ist ein Touristenmagnet: Das 240 Meter tiefe, heute teilweise mit Wasser gefüllte »große Loch« misst ringsum 1,6 Kilometer. Im »tiefsten von Menschen geschaffenen Tagebau« wurden 1871 bis 1914 Diamanten mit 14,5 Millionen Karat aus dem Fels geholt. Wirklich der tiefste? Nur wenn man ergänzt: »geschaffen ohne schweres Gerät«.

525 Fettnäpfchen

Klar, in Südafrika sind westliche Tischsitten üblich. Aber es gibt Ausnahmen – dank des großen asiatischen (vorwiegend indischen) Anteils an der Bevölkerung. Manche Gerichte, etwa Reis-Curry-Speisen, darf man auch ohne Besteck essen, von der Hand in den Mund. Aber, wie in Asien und anderen Teilen der Welt üblich, nur mit der rechten Hand. Die Linke gilt als unrein.

526 VIEL LEBEN IM TOTEN VULKAN

Ngorongoro. Der Ngorongoro-Krater am Rand der tansanischen Serengeti-Savanne gilt nicht nur als der größte komplett erhaltene Vulkankrater der Welt, in ihm sind außerdem 25 000 Großtiere zuhause, von Elefanten bis zu Nashörnern. Und mittendrin jagen dann auch noch die meisten Raubtiere Afrikas, insbesondere Löwen und Leoparden. Doch auch der Tod hat sich ein Revier erobert: Am Kraterrand sind zwei berühmte Deutsche begraben: die »Serengeti-Retter« Bernhard und Michael Grzimek.

527 GLETSCHERSCHMELZE IN AFRIKA?

Tansania. Gibt es Gletscher in Afrika? Ja, noch. Sie nehmen nur noch gut 10 Quadratkilometer ein, die meisten liegen am höchsten Berg des Kontinents, dem Kilimandscharo (5895 Meter) in Tansania. Sie schmelzen schnell, im Jahr 2030, prophezeien die Wissenschaftler, wird alles geschmolzen sein. Und mit dem Rebmann-Gletscher wie dem Furtwängler-Gletscher auch der eisige Ruhm eines deutschen und eines österreichischen Afrikaforschers.

528 38 MINUTEN KRIEG

Sansibar. Die Insel gehört als autonomes Gebiet zu Tansania, ihre Unabhängigkeit verlor sie im Jahr 1896 im kürzesten Krieg der Weltgeschichte. Er dauerte am 27. August nur von 9.00 bis 9.38 Uhr. Am Ende hatte ein weit überlegenes britisches Marinegeschwader eine Festung und den Sultanspalast von Sansibar in Grund und Boden kanoniert. Trotz seiner Kürze kostete der Krieg rund 5000 Sansibarer und etwa 70 Briten das Leben.

529 VON PATEN UND TAUCHERN

Mafia. Die Insel Mafia (ja, sie heißt wirklich so!), ist ein Teil des Sansibar-Archipels, das in kolonialen Zeiten zu Deutsch-Ostafrika gehörte. Damals erregte der Name im Kaiserreich wenig Aufsehen, weil man vom italienischen Verbrechersyndikat nichts wusste. Mafia ist ein bei Tauchern beliebtes Mini-Archipel, das wegen mühsamer Anreise vom normalen Tourismus wenig berührt ist.

530 Fettnäpfchen

Im ländlichen Tansania ist es verbreitet, dass Männer und Frauen getrennt essen. Es wird nicht gern gesehen, wenn Ausländer dies kommentieren. Paare, die eingeladen werden, können anbieten, dem Brauch zu folgen. Wer nach einem alkoholischen Getränkewunsch gefragt wird, ist mit einheimischem Bier immer gut bedient, die Tansania-Weine sind hingegen meist recht süß. Das gilt zwar auch für *Afrikoko*, einen Schoko-Kokosmilch-Likör, er ist aber dennoch eine Geschmacksprobe zum guten heimischen Kaffee oder Tee wert.

531 EINST HAREM – HEUTE MUSEUM

Tunis. Im einstigen Harem des Bardo-Palastes in Tunis hat das Nationalmuseum von Tunesien eine würdige Heimstatt gefunden. Leider erinnert aber kaum noch etwas an die einstige Nutzung des Gebäudes, obwohl solche Frauenhäuser exotischer Potentaten die Fantasie vieler europäischer Künstler anregten. Dafür birgt das Museum – Schwerpunkt: römische Relikte – eine der besten archäologischen Sammlungen Nordafrikas.

532 PRÄSIDENTENPROTZ

Monastir. In seinem Geburtsort ließ sich Tunesiens erster Präsident Habib Bourghiba (1903–2000) zu Lebzeiten ein großes Mausoleum errichten (und eine große Moschee nach sich benennen). Das Grabmal ist ein schönes Beispiel arabischer Architektur, der zugehörige enorme Platz ist ein beliebter Treffpunkt.

533 WO MONTY PYTHON SPIELTE

Monastir. Monastirs auch im Wortsinn größte Attraktion ist der 796 erbaute Ribat, eine der ältesten arabischen Festungen in Nordafrika. Cineasten werden das Bollwerk wiedererkennen: Es diente als eine der Kulissen in Franco Zefirellis Bibelverfilmung *Jesus von Nazareth* (1977). Auch die britischen Monty-Python-Komiker nutzten zwei Jahre später den Ribat für ihre umstrittene Jesus-Komödie *Das Leben des Brian*.

534 AUS KAISER MACH KÖNIG

Tunis/Karthago. Im Garten des Archäologischen Nationalmuseums von Karthago steht eine 3 Meter hohe Marmorstatue. Sie soll den französischen König Ludwig IX. zeigen, der im Jahr 1270 während der Belagerung des benachbarten Tunis umkam. Vermutlich hatte der Künstler keine Vorlage, denn er kopierte kurzerhand ein Standbild von Kaiser Karl V. Nach König Ludwig ist auch Karthagos Kathedrale auf dem Byrsa-Hügel benannt.

535 BABYS, GEOPFERT FÜR BAAL?

Tunis/Karthago. Die Ruinen des Tophet von Karthago liegen, wie es sich für einen Tempel des »Wettergottes« Baal gehört, in der Sonne. Aber sie bergen vielleicht ein düsteres Geheimnis: Wurden dem Gott hier einst erstgeborene Babys geopfert? Dies glauben einige der Forscher, die die Asche in hier bestatteten Urnen untersuchten. Eine andere These der Wissenschaft besagt, es könnte sich hier um die Asche von Kindern handeln, die kurz nach der Geburt gewaltlos starben.

536 IN GAMBIA IST ALLES AM FLUSS

Gambia. Auf der Landkarte sieht Gambia, Afrikas kleinster Flächenstaat, aus wie ein, pardon, Dickdarm, der von der Südatlantikküste aus in das Terrain des vielfach größeren Senegals reicht. Die kuriose Grenze folgt den Windungen des Gambia River, an beiden Ufern ist das Land meist nur 10 bis 15 Kilometer breit. Der Grund? So weit konnten die Kanonen der britischen Flusskreuzer in kolonialen Zeiten schießen.

537 SCHWANGER DURCH DIE KRAFT DER KROKODILE

Gambia. Im Volksglauben gilt das Krokodil als heilig. Deshalb und weil dem Wasser magische Kräfte zugesprochen werden, pilgern die gambischen Frauen zu drei Weihern, in denen Nil-Krokodil gehalten werden, um vor der Ehe ihre Fruchtbarkeit zu sichern oder wenn sie Probleme haben, schwanger zu werden. Das Streicheln der – wie sediert wirkenden – Echsen an Land soll zudem Glück bringen.

538 MISSVERSTÄNDNIS MIT FOLGEN

Abidjan. Wie viele Bezeichnungen einst kolonialer Orte geht auch der Name von Abidjan, der früheren Hauptstadt der Elfenbeinküste, auf ein Missverständnis zwischen Europäern und Einheimischen zurück. So soll ein Portugiese oder Franzose Einheimische, die mit Astbündeln aus dem Wald kamen, gefragt haben, wo er sei. Der antwortete in Bantu «Wir kommen vom Blätterschneiden« (*t'chan m'bi djan*). Daraus wurde Abidjan.

539 ALLE WEGE FÜHREN NACH YAMOUSSOUKRO

Yamoussoukro. Wo steht die größte Kirche der Christen? In Rom natürlich, der Petersdom. Klares Nein, auch wenn es dem Papst vielleicht nicht gefällt. Das größte Gotteshaus der Christenheit, die Basilika Notre-Dame de la Paix, steht in der Hauptstadt der Elfenbeinküste, in Yamoussoukro im Landesinneren. Es hat eine überbaute Fläche von 30 000 Quadratmetern (Rom: 15 000) und ist auch 26 Meter höher als das Vorbild.

540 Fettnäpfchen

Teranga, die Kultur des Teilens, spielt im Senegal eine zentrale Rolle. Wer etwas Essbares hat, bietet anderen davon an, auch wenn diese oft ablehnen. Wer Senegalesen jenseits touristischer Kontakte kennenlernt, sollte das »Prinzip Teranga« kennen. Es steht auch für Gastfreundschaft oder für religiöse Toleranz. Oft feiern Muslime mit Christen Weihnachten und diese mit Nachbarn das Fastenbrechen. *Teranga* kann sogar ein Synonym für Senegal sein, das Fußballnationalteam nennt sich »Löwen von Teranga«.

Kirchgang auf Antarktisch in der russisch-orthodoxen Dreifaltigkeitskirche (Nr. 541)

DIE POLE UND DER MOND

541 KEIN GOTT IN DER ANTARKTIS?

Antarktis. »Jenseits des 40. Breitengrades gibt es kein Gesetz, jenseits des 50. keinen Gott.« Dieses berühmte Antarktis-Zitat gilt nicht mehr. Heute gibt es sieben Kirchen auf dem siebten Kontinent, von der Chapel of the Snows (1956) in der US-McMurdo-Station bis zur russisch-orthodoxen Dreifaltigkeitskirche (2004). Es gab Trauungen und sogar Taufen, auch Kreuzfahrer erlebten schon Messen im allertiefsten Süden.

542 WAFFELN STATT WAFFEN

Antarktis. Wer in der Antarktis auf historischen Pfaden unterwegs sein möchte, kann eine geschichtsträchtige Wegzehrung mitnehmen: Necco®-Waffeln aus den USA. Die seit 1847 hergestellte, bonbonbunte Nascherei begleitete Richard E. Byrd 1933 auf seiner zweiten Antarktis-Expedition: Der Admiral ließ 2,5 Tonnen Waffeln bunkern, in zwei Jahren verputzte sein Team wöchentlich 1 Pfund. Seither sind die Waffeln eine Ikone in den Vereinigten Staaten.

543 UNAS BRÜSTE IM EIS

Antarktis. Der Lemairekanal, ein Engpass zwischen der antarktischen Halbinsel und einer Insel, ist nicht nur eine der schönsten Passagen dieser Eiswelt, er bietet auch Pikant-Historisches: Am Eingang zum Kanal ragt ein Doppelgipfel heraus: Una Peaks. Der inoffizielle Name ist älter: *Una's Tits*. Das heißt, galant übersetzt, »Unas Brüste« und erinnert an Una Spivey, die einst für eine Antarktis-Organisation tätig war.

544 PACK DIE BADEHOSE EIN!

Antarktis. Ein Bad im Meer? In der Antarktis? Wir empfehlen Deception Island. Dabei handelt es sich um einen halb untergegangenen Vulkan, in dessen Caldera Schiffe einfahren können. An einer ufernahen Stelle bei einer alten Walfangstation sprudelt eine heiße Quelle in die kalte See. Cruise-Crews buddeln hier meist eine »Badewanne« aus dem Vulkansand, in der die Passagiere in angenehmer Wassertemperatur für das obligatorische Foto liegen.

545 Fettnäpfchen

Der Antarktis-Knigge ist besonders wichtig, denn er dient dem Erhalt dieser fragilen Umwelt. Das bedeutet: in eisfreien Zonen nicht über die seltenen Pflanzen trampeln, denn sie brauchen auf dem trockensten Kontinent der Welt Jahrzehnte, um sich davon zu erholen. Einfacher ist die Regel: nicht näher als 5 Meter an Tiere heran. Tiere, das sind in diesen Breiten meist Pinguine diverser Sorten. Alle sind neugierig und viele halten sich selbst nicht an die 5-Meter-Regel. Und dann sind die Schnürsenkel in Gefahr.

546 SUFF IM FORST?

Arktis. »Betrunkene Wälder«, gibt's die? Ja, man findet sie an der arktischen Baumgrenze in Alaska, Kanada und Sibirien; Wälder, in denen Bäume aussehen wie schwankende Trunkenbolde, wirr nach allen Seiten gelehnt. Es sind Bäume in Permafrostzonen, die für kurze Zeit aufgetaut waren. Im morastigen Boden fanden die Bäume weniger Halt. Als der Boden wieder eisig wurde, blieben sie in der neuen Stellung stehen.

547 WORTSCHATZ-MYTHOS

Arktis. Die Inuit haben 400 Worte für »Schnee«. Diese Behauptung kursiert unausrottbar durch Arktis-Reportagen und das Internet. Sie ist falsch, wie Linguistik-Professor Geoffrey K. Pullum von der Universität Edinburgh nachwies. Die Zahl geht auf einen mehr als 100 Jahre alten Text zurück. Tatsächlich haben die Inuit höchstens ein paar Dutzend Wörter für Schnee.

548 SCHIEßPRÜGEL IM COCKPIT

Arktis. In den 1960er-Jahren ermöglichten die neuen Jets bessere Flugrouten von Europa nach Asien, sie führten, weil die Erde eine Kugel ist, über den Nordpol nach Alaska und nach einem Tankstopp weiter über den Pazifik. Als die Lufthansa 1964 so nach Tokio flog, hatten die Piloten für Notlandungen auf dem Polareis Schneeschuhe, signalrote Daunenanzüge, Schneesägen zum Iglubau und Schrotflinten gegen Eisbären dabei.

Dank einer heißen Quelle kann man auf Deception Island baden gehen – mitten in der Antarktis (Nr. 544).

549 WAS IST DAS WEIẞE ZEUGS?

Arktis. Der Sibirische Tiger ist die größte Katze der Welt – und eine der gefährdetsten. In der Wildnis leben nur noch rund 500, in Tierparks weltweit etwa 400 Exemplare. Viele von ihnen wurden in Gefangenschaft geboren. So meldete der britische *Daily Express*, dass der Zoo der Isle of Wight seine Sibirischen Tiger erst an Schnee gewöhnen musste, als 1995 für sie zum ersten Mal die weißen Flocken vom Himmel fielen.

550 WO GIBT ES ROTE GOLFBÄLLE?

Uummannaq. Die »Greens« sind »Whites« und die Bälle sind rot bei den »Eis-Golf-Weltmeisterschaften« Mitte März im grönländischen Uummannaq. Von Schlägern mit Graphitschaft wird abgeraten, sie könnten in der Kälte splittern. Zu dem zweitägigen Wettbewerb können sich alle Golfer anmelden, die ein Handicap von mindestens 36 haben. Auf dem immer wieder neuen 9-Loch-Platz, einem gefrorenen Fjord, werden 36 Löcher gespielt.

551 EINCHECKEN IM WELTRAUM-INN

Mond. Im Weltall waren schon Touristen. Jetzt streben Reiseunternehmer wie der Milliardär Richard Branson auch Flüge zum Mond an – mit Zwischenstopps in im Weltall kreisenden Hotel-Raumschiffen. Sie sollen die lange Reise zum Erdtrabanten komfortabel unterbrechen. Eine Reise, die übrigens immer länger wird: Jahr für Jahr entfernt sich der Mond von unserem blauen Planeten um etwas mehr als 6 Zentimeter.

552 DENKMAL IM STAUB

Mond. Für einen Kunstrundgang reicht es noch nicht, aber ein Denkmal gibt es schon auf dem Mond: »Fallen Astronaut« ist eine 8,5 Zentimeter große Aluminiumfigur, die im Staub liegt. Das Werk des Belgiers Paul Van Hoeydonck nahm Astronaut David Scott 1971 mit, mitsamt einer Tafel mit den Namen der bis dato im Dienst gestorbenen Astro- und Kosmonauten. Zwei weitere Namen wurden damals von der UdSSR geheim gehalten.

553 MOONBOOTS IN 9½

Mond. Ein Souvenirgeschäft gibt es (noch) nicht auf dem Mond. Aber wie wäre es mit den Stiefeln, die Neil Armstrong 1969 trug, als er als erster Mensch auf dem Mond sprach: »Das ist ein kleiner Schritt für einen Menschen, ein riesiger Sprung für die Menschheit.« Die kontaminierten *Moonboots* flogen vor dem Rückflug zum Raumschiff »Apollo 11« aus der Mondlandfähre »Eagle«. Die Stiefel haben die Größe 44,5 (US: 9½).

554 LEIBESÜBUNGEN GANZ SCHWERELOS

Mond. Sport auf dem Mond? Kein Problem für künftige Weltraumtouristen. Sie müssen nur einen Golfschläger »Eisen 6« mitnehmen. Zwei Golfbälle liegen bereits oben. Die hatte Astronaut Alan Shepard, der erste Amerikaner im All und 1971 der fünfte Mann auf dem Mond, geschlagen. Auch ein »Speer« (eine Stange für einen Solartest) liegt dort, den hatte Partner und Landefährenpilot Edgar D. Mitchell geschleudert.

555 GALAKTISCHER NATIONALPARK

Mond. US-Amerikaner wollen ihre historischen Orte auf dem Mond, etwa die Landeplätze ihrer »Apollo«-Missionen und Neil Armstrongs berühmten Fußabdruck, als Nationalparks schützen. Ein entsprechender Gesetzentwurf ist dazu bereits eingebracht. Dem Vorhaben stehen andere Nationen mit Blick auf den UN-Weltraumvertrag skeptisch gegenüber. So bleibt es vorerst beim Craters of the Moon National Monument in Idaho.

Ist der Mond geeignet als künftiges Touristenziel? Die Zeit wird es zeigen (Nr. 551–555).

Golfspielen mal anders auf Grönland: Hier sind die Bälle rot (Nr. 550).

IMPRESSUM

Der Autor: Klaus Viedebantt, geboren 1943 in Krefeld, studierte Germanistik, Volkskunde und Soziologie. In seiner Funktion als Leiter des Reiseressorts der »Zeit« und in der Lehrredaktion bei der Frankfurter Allgemeinen Zeitung, aber vor allem auf seinen zahllosen Reisen rund um den Globus lernte er eine Menge über die Welt. Hängen geblieben ist davon vor allem all das, was ihn zum Lachen brachte – und was er garantiert nie wieder brauchen wird!

Verantwortlich: Susanne Kaufmann
Redaktion: Mareike Weber
Korrektorat: Buch&media
Layout: Elke Mader
Illustrationen: Frank Duffek
Repro: LUDWIG:media
Umschlaggestaltung: Helene Schumacher
Herstellung: Stephanie Schlemmer
Printed in Slovenia by Florjancic

★★★★★

Sind Sie mit diesem Titel zufrieden? Dann würden wir uns über Ihre Weiterempfehlung freuen. Erzählen Sie es im Freundeskreis, berichten Sie Ihrem Buchhändler oder bewerten Sie bei Onlinekauf. Und wenn Sie Kritik, Korrekturen oder Aktualisierungen haben, freuen wir uns über Ihre Nachricht an Bruckmann Verlag, Postfach 40 02 09, D-80702 München oder per E-Mail an lektorat@verlagshaus.de.

Unser komplettes Programm finden Sie unter www.bruckmann.de

In diesem Buch wird aus Gründen der besseren Lesbarkeit das generische Maskulinum verwendet. Weibliche und anderweitige Geschlechteridentitäten werden dabei ausdrücklich mitgemeint, soweit es für die Aussage erforderlich ist.

Bildnachweis: Picture Alliance: S. 4 (Karl-Heinz Ei), 6/7 (Photoshot), 11 (maxppp), 20/21, 25, 57, 122, 128, 146/147, 190/191 (dpa), 30/31 (Design Pics), 33, 107 (landov), 42/43 (ANP Kippa), 60 (akg-images), 112/113, 126/127 (Bildagentur-o), 150/151 (WILDLIFE), 155 (Arco Images G), 158/159 (Robert Harding World Imagery), 170 (Artcolor), 182/183 (Robert Harding World Imagery), 186/187 (K. Wothe);
Shutterstock: S. 64/65 (Markus Mainka), 78/79 (Matt9122), 89 (Klemen Misic), 91 (Elzbieta Sekowska), 94/95 (Manamana), 102/103 (irisphoto1), 110 (Zhukov Oleg), 162/163 (Anna Omelchenko), 169 (Roland IJdema), 189 (Aphelleon), Illustration Herbst, Neujahr, Sonnwende (AVIcon), Illustration Ostern (Visual Generation), Illustration Weihnachten (Fine Art), Kasten Tradition (LiliGraphie);
Jan Buell: S. 15

Die Deutsche Nationalbibliothek verzeichnet diese Publikation in der Deutschen Nationalbibliografie; detaillierte bibliografische Daten sind im Internet über http://dnb.d-nb.de abrufbar.

Infanteriestraße 11a
80797 München

ISBN 978-3-7343-1679-1